Пэм Харди

КАК
СОХРАНЯТЬ БАЛАНС

МУДРОЕ РЕШЕНИЕ
ЖИЗНЕННЫХ ПРОБЛЕМ

Благая весть
Самара, 2023

УДК 274-1
ББК 86,376-4
Х20

Keeping Your Balance: Navigating Wisely through the Challenges of Life
©2020 Pam Hardy
Carpenter's Son Publishing

Перевод: В. Савянкова
Редактор: А. Никитина
Научный редактор: А. Аубакиров
Верстка и дизайн обложки: М. Литвинова

Харди П.

Х20   Как сохранять баланс. Мудрое решение жизненных проблем :
пер. с англ. / Пэм Харди; пер. с англ. В. Савянковой. — Самара:
Благая Весть, 2023. — 264 с.

УДК 274-1
ББК 86,376-4

The Master's Academy International
TMAI Edition ISBN: 978-1-967358-24-3

Цитаты из Библии, если не указано иное, даны по Синодальному
Цитаты из Библии, если не указано иное, даны по Синодальному пе-
реводу. Цитаты по изданию «Новый Завет Господа нашего Иисуса
Христа» (пер. с греч. под ред. епископа Кассиана. М.: Рос. библ.
о-во, 2001) помечены «Кассиан». Цитаты по изданию «Библия: Новый
перевод на русский язык» (4-е изд. Б. м.: Международ. библ. о-во, 2014)
помечены «НРП».

" Пэм Харди написала прекрасную книгу, в которой она делится своими глубокими размышлениями о необходимости поддерживать баланс в разных сферах повседневной жизни. Я знаю, что, прочитав эту книгу, я буду лучше понимать, как соблюдать правильный баланс, и убежден, что она поможет и вам. Помимо того, что эта работа исполнена библейской мудрости, ее приятно читать. Она читается с удовольствием, потому что в ней удачно все — от стиля изложения до наглядных примеров.

Тед Трипп, *пастор, автор книг, автор семинара «Как быть пастырем своего ребенка»*

" Книга Пэм Харди «Как сохранять баланс» превосходна. В ней содержится множество прославляющих Бога истин с практическим применением, которые помогают нам соблюдать правильный баланс в жизни. Я получила огромное удовольствие от прочтения этой книги и очень рекомендую ее как для индивидуального, так и для группового изучения.

Марта Пис, *сертифицированный библейский консультант, член Ассоциации сертифицированных библейских консультантов, автор книги «Прекрасная жена»*

" Поддерживать баланс в христианской жизни всегда нелегко, но это абсолютно необходимо для возрастания в благочестии. Пэм Харди проделала замечательную работу, написав книгу «Как сохранять баланс», которая поможет женщинам обрести твердое основание. У самого автора хорошая почва под ногами, потому что Бог благословил Пэм возможностью слушать здравую проповедь многие десятилетия. Она черпает мудрость из этого кладезя библейских знаний и применяет истину для решения различных проблем, с которыми сталкиваются женщины-христианки. Обращаясь к современным женщинам, которые встречаются лицом к лицу с многочисленными вызовами занятой жизни и выполняют множество обязанностей, в своей книге Пэм предлагает четкие и грамотные советы, которые вам захочется внимательно изучить и применить на практике.

Стивен Лоусон, директор служения «Уан Пэшн Министриз», преподаватель семинарии «Мастерс», преподаватель служения «Лигоньер»

Сегодня мы редко слышим некогда расхожее выражение «уравновешенная христианская жизнь». Возможно, нас больше интересует истина, чем любовь, или нравственная чистота, а не мир, или усердие, а не терпение, или просто то, что мы делаем, а не то, кем мы стали. Но все-таки мы должны прийти к осознанию того, насколько важно сохранять жизненный баланс. Вообще в жизни человека неумение сохранять равновесие обычно является признаком незрелости (это трудно дается младенцам), болезни (легкой или, может быть, тяжелой) или воздействия на организм токсичного вещества. Это справедливо и в отношении следования за Христом. Итак, равновесие — это не недостаток, а показатель того, что мы становимся более зрелыми, достигаем большего духовного благополучия и живем под водительством Духа. Поэтому я хочу похвалить Пэм Харди за ее прекрасную книгу «Как сохранять баланс».

Я также сердечно благодарен Пэм за то, что она напомнила нам о важности соблюдения баланса в жизни и поделилась с нами мудростью, которую она приобрела большим трудом и которая отражает ее богатый и разносторонний жизненный опыт как христианки, матери и жены пастора. Эта книга, на страницах которой мы найдем множество метких наблюдений и мудрых советов, основанных на Писании, является надежным руководством для здравой христианской жизни и прекрасным стимулом для возрастания в стабильности под руководством Христа.

Синклер Фергюсон, *пастор, автор, преподаватель служения «Лигоньер», заслуженный профессор систематического богословия Реформатской богословской семинарии*

То или это, сейчас или потом, хорошее или лучшее, да или нет? Подобные вопросы являются неотъемлемой частью нашей жизни. Каждый день люди принимают бесчисленное количество таких решений, особенно женщины, желающие угодить Христу. То, чем женщина руководствуется при принятии этих решений, либо созидает духовное равновесие в ее жизни, либо нарушает его. Пэм Харди создала пособие, которое, вне всякого сомнения, избавит от лишнего бремени, успокоит раздираемую противоречиями совесть и утешит беспокойные души, жаждущие стабильности. Это мудрая, проницательная, полезная и сбалансированная книга. Женщины в нашей церкви будут зачитывать ее до дыр.

Рик Холланд, *пастор; библейская церковь «Мишн Роуд», Канзас-Сити, Канзас*

> Я давно восхищаюсь Пэм как женой, матерью и членом церкви и всегда ценила любую возможность поучиться у нее чему-нибудь. Эта книга тем более ценна, учитывая актуальность данной темы для всех, кто стремится почитать Господа своей жизнью. Пэм была большим благословением для меня и женщин в церкви «Благодать», пока была членом нашей общины. Я благодарна, что теперь Пэм может послужить более широкой аудитории.
>
> Патриция Мак-Артур; церковь «Благодать», Сан-Вэлли, Калифорния

> Сейчас появляются все новые и новые книги о том, как достичь баланса в христианской жизни. В них содержатся некоторые практические выводы, но в них мало библейской глубины и ясности, которые нам так сильно нужны. В своей книге «Как сохранять баланс» Пэм Харди мастерски объединила эти составляющие, в результате чего получился вдохновляющий и насыщенный библейскими текстами труд. Здесь есть практические советы на все случаи жизни, звучащие из уст человека, который на протяжении многих лет находится на передовой служения. Тем не менее эта книга отличается от других подлинной мудростью автора и богословской глубиной. Каждая практическая жизненная проблема тонко диагностируется на уровне сердца и искусно решается Божьим Словом. Вместо того, чтобы просто дать читателю перечень библейских стихов для применения, Пэм помогает нам изучить ключевые отрывки, сопровождая их выводами и указывая путь к большему уподоблению Христу. Вы откроете для себя всю притягательность ее открытости, меткость и проницательность ее советов, а также убедительность

ее наставления. Эта книга станет мощным инструментом для укрепления общинной жизни любой церкви.

Джерри Рэгг, *пастор; библейская церковь «Грейс Имма-нньюэл», Джупитер, Флорида*

> *Хотя мы живем на другом конце планеты, Пэм Харди всегда была популярным спикером на женских конференциях в нашей церкви. Когда вы прочитаете «Как сохранять баланс», вы поймете, почему. Ее семинары демонстрируют редкое сочетание глубокого понимания Библии и практического смысла. А теперь с выдающимся мастерством Пэм воплотила эти качества в письменном слове. Пэм не предлагает «рецепт», основанный на собственном опыте, но ясно и просто излагает библейские наставления по избранным темам, которые касаются жизненного «баланса». Она высказывает полезные предостережения по поводу того, что нам не нужно заходить слишком далеко влево или вправо, а затем позволяет читателю применить мудрость Писания к решению его проблем в конкретной ситуации. От имени сестер моей церкви: «Спасибо, Пэм, за такую прекрасную книгу!»*

Д-р Джоэл Джеймс, *пастор-учитель; церковь «Грейс Феллоушип», Претория, Южная Африка*

> *В ряде вопросов перед нами стоит выбор из двух вариантов: например, грех или праведность; ложь сатаны или Божья истина. Однако есть и другие вопросы, в которых нам нужно принимать оба варианта: например, и церковь, и семья; и реализм, и оптимизм. Пэм Харди преподносит нам подарок, полный практической мудрости, которая учит нас не жертвовать одним ради другого в ситуациях, когда мы должны принимать*

оба варианта. Другими словами, данная книга помогает нам избежать несбалансированности в христианской жизни.

Д-р Джоэл Бики, ректор Пуританской реформатской богословской семинарии в Гранд-Рапидсе, Мичиган

Я очень рад, что у меня есть возможность оставить положительный, хвалебный отзыв о книге Пэм Харди «Как сохранять баланс: мудрое решение жизненных проблем». Опираясь на свой жизненный опыт жены пастора и матери, Пэм привносит в свое исследование Божью мудрость, вдумчивое, практическое изучение Божьего Слова и глубокое понимание взглядов верующих в прошлом и настоящем. В эпоху, когда в обществе увеличивается дисбаланс и когда зло называют добром, а добро — злом, христиане нуждаются в том, чтобы их жизнь прочно укоренялась в сбалансированной мудрости Божьего Слова. В восьми коротких главах, каждая из которых содержит ряд заключительных вопросов для размышления и применения, автор дает верующим надежное руководство в вопросе о том, как жить жизнью, которая позволит сохранять благочестивый баланс и наполнит их евангельское свидетельство благочестивым сиянием.

Д-р Иан Гамильтон, пастор, автор; профессор церковной истории Вестминстерской пресвитерианской богословской семинарии в Ньюкасле, Англия

Моему мужу Кэри:
Спасибо тебе за верную
любовь и поддержку,
а также за то, что ты
прошел этот путь со мной.

Моим детям:
Кристен, Натан, Люк и Кэтрин —
мои драгоценные дары от Господа.
Я просто молюсь о том, чтобы вы
всегда находили баланс во Христе.

СОДЕРЖАНИЕ

БЛАГОДАРНОСТЬ

Написание книги — серьезное дело, которое нельзя выполнить без помощи и поддержки талантливых людей. Я безмерно благодарна следующим людям за их ценный вклад в создание настоящей книги:

Сотруднику литературного агентства «Бенчмарк Груп» Пэтти Маккой Хаммел за веру в меня и неустанную поддержку, несмотря на множество физических трудностей, с которыми она столкнулась, пока я писала эту книгу. Ты стала мне дорогим другом, и я глубоко признательна за все, что ты сделала для меня.

Лэрри Карпентеру и сотрудникам его издательства «Карпентерс Сан Паблишинг» за их мастерство и профессионализм в пошаговой работе над публикацией этой книги. Спасибо, что вы уладили огромное количество мелких деталей и терпеливо отвечали на все мои вопросы.

Лори Мартинсек и замечательным людям из компании «Адепт Контент Солюшнс» за прекрасную работу по редактированию и оформлению книги.

Каролин Макгуайр, которая верно трудилась в женском служении в церкви «Благодать» в Сан-Вэлли, Калифорния. Хотя я внесла в текст много изменений, черновой вариант вопросов для размышления и применения Кэролин составила в 2006 году. Благодарю вас за ваше усердие и творческий подход.

Благочестивым братьям и сестрам, которые на протяжении многих лет воспитывали во мне любовь к Богу и Писанию. Я все еще учусь на ваших примерах. Кроме того, за эти годы я удостоилась огромной чести слушать проповедь одаренных учителей Библии, и я в долгу перед каждым из вас за ваш вклад в мою жизнь. Наконец, несколько моих дорогих друзей из библейской церкви «Твин Сити» регулярно молились за меня, пока я писала эту книгу, особенно последние главы. Сердечно благодарю за вашу верную молитвенную поддержку.

Моим возлюбленным родителям, Ардису и Фрэнсис Уайт, которые теперь в безопасности с Господом. Для меня было неописуемым благословением расти в семье, в которой отец и мать почитают Бога и Его Слово и верно следуют тому, во что верят. Уроки, которым они меня научили, вплетены в эту книгу.

Моим взрослым детям, которые поддерживали меня на протяжении всего этого времени. Спасибо за вашу любовь и постоянную поддержку.

Моему мужу Кэри, который искренне поддерживал проект этой книги с самого начала. Твоя помощь в редактировании и тщательный богословский обзор различных тем оказались поистине бесценными. Ты внес ясность и точность в мое мышление и консультировал меня в вопросах, в которых я стремилась точно передать доктринальную истину. Что касается практической помощи, спасибо тебе за то, что ты жертвенно служил мне во многих отношениях, особенно за все вечера, когда ты готовил ужин и давал мне возможность поработать над книгой!

Больше всего я благодарна Господу Иисусу Христу, Который каждый день изливает на меня Свою любовь и милость.

Мне было так радостно писать о Нем и в процессе размышлять о Его совершенствах. Если по Своей милости Он решит помочь кому-то через эту книгу, это произойдет потому, что Его Слово живо и действенно и острее всякого меча обоюдоострого (Евр. 4:12). Вся хвала и слава Богу, Которого более чем достаточно для восполнения всех наших нужд (Рим. 11:36; 2 Пет. 1:3).

ПРЕДИСЛОВИЕ

Если благоразумие — это способность применять библейскую мудрость в жизненных трудностях, то своей книгой «Как сохранять баланс» Пэм Харди доказывает, что она благоразумный душепопечитель. Обладая тонким пониманием того, как устроены женщины, она искусно вплела свое знание Библии в увлекательную манеру письма, в результате чего родилась великолепная настольная книга для любой женщины, молодой и в возрасте. Эта особая книга является полезным инструментом для женского служения, личного душепопечения или просто для того, чтобы помочь читателям разобраться с проблемами, касающимися бытовой жизни или работы. Оцениваю эту книгу на «отлично»!

Джони Эрексон Тада,
международный центр
инвалидов «Джони и друзья»

ПРЕДИСЛОВИЕ К ИЗДАНИЮ
НА РУССКОМ ЯЗЫКЕ

Я познакомилась с Пэм Харди больше десяти лет назад, когда она прилетела в Россию для проведения женской конференции в Самаре. За годы знакомства у меня была возможность узнать ее немного больше. В общении с Пэм невозможно не заметить ее простоту, добродушие, мудрость и желание наилучшим образом служить своим ближним и Богу. Поэтому держать в руках книгу этой замечательной женщины для меня особенно ценно.

Эта книга служит ответом на очень острую нужду. Куда бы вы ни приехали: на Дальний Восток или в Европу, в Самару или в Алматы (где мы с семьей гостим в данный момент), так же как и я, вы увидите, что проблема сохранения баланса объединяет всех женщин. Желая угождать Богу, мы стараемся жертвенно служить в церкви, но одновременно с этим понимаем, что семья, которую вверил нам Бог, не менее важная ответственность. И вот мы уже столкнулись с дилеммой: как посвящать себя на служение и при этом не пренебрегать семьей или как служить семье и не забывать о своей ответственности перед церковью? Мы регулярно сталкиваемся с подобного рода вопросами: доверять или действовать, покрывать любовью или обличать, уделять внимание обычным житейским вещам или вкладываться в вечное? И, к сожалению, порой задумываться об этом мы начинаем лишь тогда, когда уже потеряли баланс и его последствия уже невозможно игнорировать.

Так что же поможет нам сохранять равновесие и стабильность и не уходить в крайности? Я уверена, что книга «Как сохранять баланс» – это огромная помощь каждой женщине. В своей книге Пэм Харди затрагивает практически каждую сферу, где женщины склонны впадать в крайности. Автор честно рассматривает каждую из этих сфер и, что очень важно, дает ясные библейские ориентиры, которые помогают сохранять баланс. Книга особенно полезна тем, что в конце каждой главы автор предлагает вопросы для размышления, что делает ее прекрасным ресурсом для изучения на женских группах.

Позвольте этой книге показать вам библейский взгляд на ключевые аспекты вашей жизни и уделите время, чтобы молитвенно поразмышлять о своей жизни и с Божьей помощью стремиться к балансу.

Мария Гердова,
жена пастора Игоря Гердова
(церковь «Благая весть», Самара);
занимается женским служением

ВВЕДЕНИЕ

Эта книга родилась много лет назад, когда, будучи молодой женой пастора и матерью четырых детей, я начала искать полезную литературу, посвященную проблеме баланса в жизни. В частности, я искала совета о том, как совмещать бесчисленное количество ролей и обязанностей, тяжесть которых периодически давила на меня. Вскоре я обнаружила, что существует очень мало книг на эту тему, написанных с христианской точки зрения. Это было для меня большим сюрпризом, учитывая, что потребность в балансе присутствует практически во всех сферах нашей жизни. Мы интуитивно понимаем, что баланс — это хорошо и важно. Иначе зачем бы мы прилагали столько усилий, чтобы сбалансировать свое время, расписание, трудовую жизнь, банковские счета? Мы знаем, что баланс является важным инструментом оценки нашего финансового состояния и что мы стремимся к сбалансированному бюджету. Мы также знаем, что, когда мы полностью утрачиваем баланс в какой-либо сфере жизни, результат может быть таким же неприятным, как разбитая тарелка, таким же болезненным, как сломанная кость, или таким же трагичным, как испорченные отношения.

В толковом словаре баланс определяется как «состояние равновесия»[1]. Далее поясняется, что «состояние

---

[1]   Dictionary.com. (2019). "balance." *Dictionary.com*, based on the *Random House Unabridged Dictionary*. 2019. https://www.dictionary.com (дата обращения: 12.09.2019).

равновесия» — это «состояние покоя или баланса между противоположными силами и действиями»[2]. Когда мы пытаемся себе это представить, нам приходят на ум мирные образы гармонии, стабильности и спокойствия. Кому не хочется жизни, которая характеризуется этими качествами? Тем не менее из-за нашей греховности и человеческих слабостей мы испытываем сильнейшее разочарование в стремлении достичь желаемого баланса, и в конечном счете эта задача начинает казаться невыполнимой. Мы всеми силами стремимся к этому, пытаемся принять наиболее мудрое решение. Однако неизбежно обнаруживаем, что в чем-то ошибаемся. Например, если мы проявляем уверенность без смирения, мы рискуем стать высокомерными. Сильный лидер может превратиться в контролирующего диктатора, смелость — в безрассудную глупость. Честность может ранить других, если не смягчить ее добротой.

Разбираясь с последствиями наших ошибок и просчетов, мы можем начать терять надежду на то, что когда-нибудь достигнем хотя бы подобия того баланса, к которому стремимся. Однако мы должны понимать, что во всех сферах жизни у нас должен быть лишь один объект надежды — личность Богочеловека Господа Иисуса Христа. Только Он является примером совершенной сбалансированности. Когда мы изучаем Библию и библейское учение о характере Христа, мы видим в Нем совершенство и гармонию Бытия, которые находятся за гранью нашего человеческого понимания. Мы наблюдаем за Его земным служением и поражаемся тому, насколько совершенным было Его общение с бесчисленным количеством людей, упомянутых в Евангелиях. Мы с благоговением преклоняемся

---

[2] Там же, "equilibrium."

перед Христом за Его уникальную способность являть милость и суд, благодать и истину, утешение и обличение.

В своей книге «Дыра в нашей святости» Кевин Деянг делает следующее наблюдение о личности Христа:

> *Мы видим, как все добродетели святости совершенным образом проявляются во Христе. Он всегда был кротким, но не мягкотелым. Он был смелым, но не дерзким. Он был безупречным, но не ханжой. Он был полон милосердия, но не в ущерб справедливости. Он был преисполнен истиной, но не в ущерб благодати [3].*

В книге «Несравненный Христос» Джон Освальд Сандерс также мастерски описывает совершенно сбалансированный характер Христа:

> *Характер нашего Господа был чудным образом уравновешен: в нем не было ни избытка, ни недостатка… Он предстает перед нами безупречно совершенным, настолько симметричным во всех отношениях, что его сила и величие не сразу очевидны для случайного наблюдателя… Наличие сильных сторон обязательно предполагает наличие слабых, но Христу невозможно приписать слабости. Даже в лучшем из людей очевидна непоследовательность и неровность, и… чем более великим является человек, тем более заметными могут быть его недостатки. Но у Христа все было совсем иначе. В Нем не было недостатков и противоречий.*
>
> *Добродетель легко превращается в порок. Смелость может перейти в трусость, с одной стороны, или в опрометчивость,*

---

[3]   Деянг Кевин. Дыра в нашей святости. Минск: Евангелие и Реформация, 2019. С. 59.

с другой. Чистота может превратиться либо в ханжество, либо в нечистоту. Путь к добродетели узок и скользок, но наш Господь не отклонялся от него. На протяжении всей земной жизни все Его добродетели оставались незапятнанными.

В Его речи, как и в Его безмолвии, проявлялась совершенная сбалансированность характера. Он никогда не говорил, когда было разумнее промолчать, и никогда не молчал, когда должен был высказаться.

Милосердие и суд сочетались во всех Его делах и суждениях, но одно никогда не одерживало верх над другим. Украшением Его обаятельной личности были точная истина и бесконечная любовь, которые прекрасно дополняли друг друга, потому что Он всегда говорил истину в любви. В Его суровых словах, обличавших отступивший от Бога Иерусалим, была слышна дрожь Его рыданий (Мф. 23:37). Сохраняя верность собственному совету, Он был благоразумен, как змей, и прост, как голубь. Его огромная внутренняя сила никогда не вырождалась в обычное упрямство. Он овладел трудным искусством проявления сочувствия, не отказываясь от своих принципов…

…Большинство Божьих мужей отличаются одной выдающейся добродетелью или благодатью: Моисей — кротостью, Иов — терпением, Иоанн — любовью. Но в Иисусе Христе вы найдете все эти качества. Его характер всегда последователен. Ни одно Его действие или слово не противоречит тому, что Он делал и говорил до этого. Характер Христа всегда одинаков во всем… Его баланс никогда не нарушается и не нуждается в восстановлении [4].

---

4   Sanders, J. O. (1971). *The Incomparable Christ* (Chicago, IL: Moody Press). C. 2–3.

Вот нам пример от Бога, который можно найти только в личности нашего благословенного Господа Иисуса. В 1 Иоанна 2:6 апостол призывает верующих «поступать так, как Он поступал», и все же мы знаем, что наш грех не даст нам когда-либо достичь совершенства по эту сторону неба. Но, к счастью, истинное чадо Божье имеет драгоценного Помощника. Обитающий в нас Святой Дух учит, направляет, обличает и утешает нас — другими словами, Он освящает нас и помогает достигать зрелости во всех сферах жизни, в которых мы готовы подчиниться Ему. К счастью, благодаря Ему мы можем в некоторой мере достичь того прекрасного баланса, который видим в Иисусе Христе.

Целью жизни каждого христианина должно быть возрастание в мудрости и рассудительности, а также в умении применять библейскую истину на практике. Нам нужно принимать самые мудрые решения в отношении того, что мы думаем, говорим и делаем. Мы должны научиться не тратить время на бесполезные, отвлекающие наше внимание занятия, а вместо этого вкладывать свои силы в то, во что их стоит вкладывать. Это ежедневное испытание в нашей жизни, и мы очень сильно нуждаемся в помощи Духа в наших постоянных попытках соблюсти баланс. Давайте же смиренно искать Господа, никогда не забывая, что конечная цель нашей жизни — просто прославлять Бога всеми возможными способами. Нам дана одна жизнь на этой земле. Давайте стараться проживать ее как можно мудрее.

Пэм Харди
19 июля 2020 года

Каждый участник при подготовке к состязаниям отказывается от всего…

1 Коринфянам 9:25 (НРП)

Итак, едите ли, пьете ли, или иное что делаете, все делайте во славу Божию.

1 Коринфянам 10:31

ГЛАВА 1

ВАЖНОСТЬ БАЛАНСА

Это случилось 30 января 1962 года. Действие происходило в цирке, где показывали выступление легендарной семьи Валленда, или «летающих Валленда», как их стали называть. Во главе с основателем династии, немцем по имени Карл Валленда, эти эквилибристы, несомненно, стали величайшими канатоходцами за всю историю цирка. В ту ночь они снова готовились к своему самому известному трюку — удивительной трехуровневой пирамиде. В исполнении этого трюка участвовали четыре человека, которые стояли в ряд на канате и были соединены друг с другом плечевыми перекладинами. На перекладинах стояли еще двое артистов, поочереди поддерживая женщину, которая сначала садилась, а потом вставала на стул. Валленда никогда не пользовались защитной сеткой, полагая, что она дает им ложное чувство безопасности и развивает небрежность у артистов. Они проделывали этот опасный трюк в течение четырнадцати лет, успешно выполняя его сотни раз. Но в этот вечер все пошло не так[5].

---

[5]   eLibrary. "Rulers of the Air". http://ask.elibrary.com/printdoc.asp?querydocid=6525
966@urn (дата обращения: 01.03.2003).

Они осторожно выстроились в пирамиду и начали двигаться по тросу. Затем произошло немыслимое. Первый из идущих по тросу, молодой человек по имени Дитер, потерял равновесие и упал вниз, сразу же потянув за собой двух эквилибристов. На тросе остался лишь один человек. Карл и его брат упали на трос со второго уровня пирамиды, при падении Карл получил переломы в области таза. Младшая сестра Дитера, которая была наверху, упала на Карла сверху. Хотя ему было очень больно, Карл смог удержать ее за руку, пока под ними не протянули сеть. Сына Карла Марио (один из трех человек, которые упали с троса) парализовало ниже пояса на всю оставшуюся жизнь. Остальные два человека, которые упали на пол арены, молодой племянник Карла Дитер и его зять Рихард, получили смертельные травмы и вскоре скончались. Семь тысяч человек в беспомощности и ужасе наблюдали за тем, как на их глазах разворачивалась трагедия [6].

Умение балансировать — важный навык! Когда мы утрачиваем баланс в какой-либо сфере нашей жизни, последствия могут быть не такими катастрофическими, как у труппы Валленда на том выступлении, но все же могут нанести ущерб не только нам самим, но и всем окружающим нас людям. В этой книге я хочу рассмотреть некоторые из тех сфер жизни, в которых мы чаще всего впадаем в крайности и утрачиваем баланс. Когда мы понимаем, что утратили баланс в каком-либо вопросе, мы, как правило, пытаемся исправить ситуацию и вернуться к золотой середине. Однако зачастую не останавливаемся на этом, но, достигнув середины, продолжаем двигаться дальше.

---

[6] The Flying Wallendas. "History." http://www.wallenda.com/ history.html (дата обращения: 15.02.2003).

В результате мы снова выходим из равновесия и впадаем в противоположную крайность.

Я постоянно анализирую свою жизнь, чтобы определить, не утратила ли я баланс в какой-либо сфере. Не уделяю ли я слишком много времени одному вопросу, обходя вниманием другие? Не трачу ли я слишком много сил на что-либо, пренебрегая другими, гораздо более важными делами?

В Первом Послании к Коринфянам мы находим интересный стих, относящийся к вопросу о балансе. В этом отрывке апостол Павел приводит аналогию с дисциплинированным спортсменом, чтобы побудить верующих стремиться к совершенству в жизни и служении: «Каждый участник при подготовке к состязаниям отказывается от всего…» (9:25, НРП). Когда мы размышляем о том, что же значит «отказываться от всего», на ум прежде всего приходят такие качества, как умеренность и сдержанность, позволяющие избегать излишеств или крайностей. Наиболее распространенные слова, которые описывают это понятие, — «самообладание» и «уравновешенность». Именно это самообладание и поощрял Павел, когда увещевал верующих, чтобы они «целомудренно…жили в нынешнем веке» (Тит. 2:12). Безусловно, апостол понимал, что нам необходимо проявлять воздержание и самообладание, чтобы достигать целей. Этот принцип по-прежнему актуален для нас сегодня так же, как и для адресатов Павла.

ЕДИНСТВЕННОЕ ИСКЛЮЧЕНИЕ

Тем не менее в жизни есть одна область, в которой совершенно нормально впадать в некоторую крайность: это любовь к Господу Иисусу Христу. Ведь ваша личная преданность Христу не должна знать никаких пределов.

Во Второзаконии 6:5 Бог дает Израилю великую заповедь — «люби Господа, Бога твоего, всем сердцем твоим, и всею душою твоею, и всеми силами твоими». Послушайте слова царя Давида: «Буду славить Тебя, Господи, всем сердцем моим… Буду радоваться и торжествовать о Тебе, петь имени Твоему, Всевышний» (Пс. 9:2–3). Мы читаем слова Асафа, который восклицает: «Кто мне на небе? и с Тобою ничего не хочу на земле» (Пс. 72:25). В Псалмах есть бесчисленное множество стихов, в которых псалмопевцы выражают любовь к Богу Яхве и восхваляют Его (Пс. 26:1; 38:8; 41:2–3; 42:5; 53:6; 62:2–4; 110:1; 144:1–3; 145:2). Далее в Книге пророка Иеремии мы находим слова Божьего ободрения для евреев: «Вы будете искать Меня и найдете, если будете искать всем сердцем» (29:13, НРП).

Что говорит апостол Павел в Новом Завете? «Ибо для меня жизнь — Христос…» (Флп. 1:21). Далее в том же послании он пишет: «Да и все почитаю тщетою ради превосходства познания Христа Иисуса, Господа моего: для Него я от всего отказался, и все почитаю за сор, чтобы приобрести Христа…» (3:7–8). Кроме того, в Послании к Римлянам апостол оставил для нас прекрасное славословие: «Ибо все из Него, Им и к Нему. Ему слава вовеки, аминь» (11:36).

Выражают ли безразличие эти стихи, в которых говорится о наших отношениях с Господом? Отнюдь нет. Напротив, вся Библия подтверждает, что в отношениях с Богом мы должны испытывать самые пылкие чувства. Наша проблема не в том, что мы слишком сильно любим Бога. Наоборот, мы любим Его слишком мало. Прилагайте все усилия, чтобы разжечь огонь вашей любви ко Христу. Читайте Божье Слово, изучайте его, заучивайте наизусть, слушайте здравые проповеди и учение, читайте хорошие книги, поклоняйтесь Богу, прославляйте Его, проводите много времени с Ним в молитве и постоянно размышляйте о характере и величии всемогущего Бога. В этой области совершенно уместно быть охваченным желанием знать и любить Господа.

ПРИЗЫВ К БАЛАНСУ

Однако практически во всех других сферах жизни нам требуется самоконтроль и сбалансированность. Таким образом, цель этой книги — побудить нас взглянуть на некоторые ключевые сферы нашей жизни, в которых мы склонны впадать в крайности или проявлять неумеренность. Обратите внимание: когда я рассматриваю эти сферы, я не противопоставляю одну другой и не называю что-либо хорошим или плохим. Все сферы, которых мы будем касаться, — это благо в нашей жизни. Однако даже что-то хорошее может стать для нас слишком важным (1 Кор. 6:12) и в итоге превратиться в идола сердца. Поэтому нам крайне необходимо соблюдать во всем баланс.

Хотя эта книга не претендует на то, чтобы предоставить читателю исчерпывающий перечень категорий, мы коснемся ряда основных вопросов, с которыми нам приходится сталкиваться в то или иное время. Рассматривая различные сферы жизни, мы должны убедиться в том, что многие проблемы, с которыми христиане идут к душепопечителям, проистекают из несбалансированности. Когда люди занимают крайнюю позицию в определенной сфере, это создает трудности не только в их собственной жизни, но и в жизни окружающих их людей.

Каждая глава книги посвящена одной из основных сфер жизни, в которых все верующие, и особенно женщины, могут впадать в ту или иную крайность. Прежде всего, на основании Божьего Слова мы постараемся определить, как выглядит правильный баланс в различных сферах жизни. Затем поговорим о том, что происходит, когда мы утрачиваем этот баланс. Я убеждена, что признаки потери баланса, о которых мы будем говорить, помогут вам определить проблемные области в собственной жизни и, следовательно, найти способ возрасти в этих областях.

Для личного размышления и применения

ГЛАВА 1. ВАЖНОСТЬ БАЛАНСА

1. Опишите своими словами, что такое «баланс», и расскажите, в чем заключается баланс, которого бы вы хотели достичь в своей жизни. Можете ли вы назвать какие-либо сферы вашей жизни, на которые вы должны обратить особое внимание?

2. Прочитайте 1 Коринфянам 9:24–27. Обратите внимание, что Павел здесь сравнивает нашу земную жизнь со спортивным состязанием. Какие сходства и различия вы видите между этим образом и собственной жизнью?

3. Просмотрите отрывки из Псалмов, в которых псалмопевцы выражают свою преданность Господу (Пс. 26:1;

38:8; 41:2–3; 42:5; 53:6; 62:2–4; 110:1; 144:1–3; 145:2). К каким изменениям в личной молитвенной жизни побуждают вас эти тексты?

4. Кратко перескажите своими словами стихи из Послания к Филиппийцам 1:21 и 3:7–8. Какие практические шаги вы можете предпринять, чтобы возрасти в любви ко Христу?

Почитай отца твоего и мать твою…

Исход 20:12

…Чтобы вразумляли молодых любить мужей, любить детей…

Титу 2:4

…Не раздражайте детей ваших, но воспитывайте их в учении и наставлении Господнем.

Ефесянам 6:4

…К совершению святых, на дело служения, для созидания Тела Христова…

Ефесянам 4:12

И как, по данной нам благодати, имеем различные дарования … В усердии не ослабевайте; духом пламенейте; Господу служите…

Римлянам 12:6, 11

Но каждому дается проявление Духа на пользу.

1 Коринфянам 12:7

ГЛАВА 2
СЕМЬЯ И СЛУЖЕНИЕ

Иметь любящих родителей и воспитываться в семье, в которой есть близкие отношения, — это благословение от Бога, за которое я всегда буду безмерно благодарна Ему. Ценность семьи — отношений с ближайшими родственниками, а также бабушками и дедушками, и другими родственниками — прививалась мне с самых ранних лет. Мой муж также вырос в безопасной атмосфере стабильной и дружной семьи. Вдобавок к этому нас обоих воспитывали люди, которые верно несли служение в поместной церкви, а мой муж даже вырос в семье пастора. Спустя некоторое время после того, как мы поженились, муж стал служителем, поэтому четверо наших детей также выросли в семье пастора. Таким образом, оба этих института — семья и поместная церковь — оказали огромное влияние на всю мою жизнь. Именно поэтому мы начнем рассмотрение нашей темы с вопроса о балансе между семьей и служением. Любая женщина-христианка должна достичь баланса в этом вопросе, особенно если она активно служит другим людям в церкви. Поскольку я уже долгое время являюсь женой пастора, лично для меня это всегда было одной из самых трудных задач. Возможно, вам также это дается нелегко.

Совершенно очевидно, что и семья, и служение — это великие благословения от Господа. Поэтому у нас, верующих, есть обязательства в обеих этих сферах. Если вы жена или мать, вы найдете, что Библия много говорит о вашей ответственности перед мужем и детьми. В таких книгах Нового Завета, как Послание к Титу и Первое послание к Тимофею, говорится, что женщины-христианки должны «любить мужей, любить детей… быть попечительными о доме…» (Тит. 2:4–5), а также содержится повеление о том, чтобы они «вступали в брак, рождали детей, управляли домом» (1 Тим. 5:14). В Притчах 31 мы встречаем прекрасную жену, которая «наблюдает за хозяйством в доме своем» (31:27).

Однако, будучи членами тела Христова, мы также обязаны служить другим людям в этом теле. В Римлянам 12:3–8 и 1 Коринфянам 12:4–11 сказано, что все мы наделены духовными дарами, которые должны применять в служении нашим братьям и сестрам во Христе. В Новом Завете также содержится много отрывков, где записаны заповеди, касающиеся отношений верующих «друг с другом». Например, Библия повелевает нам любить друг друга; прощать друг друга; увещевать, назидать, вразумлять, исправлять друг друга; поощрять друг друга к любви и добрым делам. Но мы никак не сможем исполнять все эти заповеди, если не будем участвовать в жизни других верующих вокруг нас.

Поэтому Библия совершенно ясно подтверждает важность и семьи, и служения. Проблема в том, что обе эти сферы могут требовать от нас много времени, а ведь в сутках всего двадцать четыре часа. Поскольку каждый раз нам приходится выбирать, найти правильный баланс между семьей и служением бывает очень сложно. В поисках ответа на вопрос о том, в каком порядке должны располагаться наши жизненные приоритеты, мы должны обратиться к Божьему Слову.

ПРИОРИТЕТ СЕМЬИ

Библейский порядок

Писание ясно учит, что мы никогда не должны ставить что-либо или кого-либо выше наших отношений с Богом, в том числе и свою семью. «Я Господь, Бог твой... да не будет у тебя других богов пред лицом Моим» (Исх. 20:2–3). Идолом сердца может быть все, что мы любим или почитаем больше, чем Бога, и мы должны остерегаться этого (Кол. 3:5). В Колоссянам 1:18 апостол Павел недвусмысленно заявляет, что Христос заслуживает того, чтобы занимать первое место в нашей жизни: «...дабы иметь Ему во всем первенство...» Поэтому наши отношения с Богом (то есть вертикальное измерение нашей жизни) должны быть превыше всего. Однако, говоря о горизонтальном измерении, то есть наших взаимоотношениях с другими людьми, следует отметить, что Библия устанавливает в этой сфере строго определенный порядок. Если вы состоите в браке, то следующими по приоритетности после ваших отношений с Господом являются ваши отношения с супругом или супругой. Как сказано в Бытии 2:24, «оставит человек отца своего и мать свою и прилепится к жене своей; и будут двое одна плоть». Этот стих в Бытии свидетельствует об исключительной природе брачных отношений. Я не являюсь одной плотью ни с кем другим в теле Христовом. Я не являюсь одной плотью с моими родителями или детьми. Я одна плоть только с моим мужем.

Еще один отрывок, свидетельствующий об уникальности брака, записан в Ефесянам 5:25–31. Здесь сказано, что отношения между мужем и женой — это прообраз отношений Христа и Его Церкви. Как и образ единой плоти, эта метафора не применима ни к каким другим человеческим отношениям.

Не забывайте о детях

Так какое место в этой картине занимают наши дети? В 1 Тимофею 3:4–5 Павел говорит нам, что церковью должен руководить пресвитер, «хорошо управляющий домом своим, детей содержащий в послушании со всякою честностью; ибо, кто не умеет управлять собственным домом, тот будет ли пещись о Церкви Божией?» В этом отрывке перечислены требования к пресвитеру, и очевидно, что не каждый мужчина сможет занимать эту должность. Тем не менее пресвитеры должны быть примером для остальных членов церкви. Они должны быть эталоном, на который будут равняться другие братья и которому они будут подражать. Тем самым подразумевается, что все родители-христиане должны серьезно относиться к своей роли в семье.

Еще один известный стих мы находим в Послании к Ефесянам: «...отцы, не раздражайте детей ваших, но воспитывайте их в учении и наставлении Господнем» (6:4). Мы не должны расстраивать или раздражать своих детей — нам следует уделять время и прилагать усилия, чтобы воспитывать их и учить почитать Бога. Если совместить эти отрывки с повелениями матерям «любить детей» и «быть попечительными о доме», становится совершенно ясно, что приоритетом является семья. Мы несем огромную ответственность перед нашими детьми просто потому, что это дети, которых дал нам Господь. Эти отрывки из Писания, наряду со многими другими, подчеркивают, что наши отношения с детьми очень важны, поэтому они влияют на наше свидетельство о Боге тем, кто нас окружает.

Поскольку Писание признает важность семьи, здесь следует соблюдать осторожность: мы никогда не должны ставить служение людям вне семьи выше служения собственной семье. Если мы пренебрегаем возложенными на нас Богом обязанностями жены или матери, это наверняка скажется отрицательно на нашей семье. Если мы так заняты, что не можем найти время, чтобы вкладывать в собственных детей, это неизбежно повлияет на нашу семью.

Это особенно актуально для тех семей, в которых родители участвуют в христианском служении на полную занятость, потому что служение требует от них больших временных затрат. Пасторам особенно нужно стараться ценить время, которое они проводят с семьей, и делать его своим приоритетом. К счастью, есть целый ряд церковных мероприятий, в которых можно участвовать всей семьей, и необходимо всячески способствовать их проведению. Однако, если обязанности пастора по служению постоянно мешают ему проводить время с семьей или являются для него более приоритетными, чем общение с женой и детьми, это может стать серьезной проблемой. Опасность в том, что в результате этого члены семьи пастора, особенно дети, могут затаить обиду на церковь и верующих и утратить любовь к церкви. Мы ни в коем случае не хотим, чтобы наши дети чувствовали, что другие люди, особенно в церкви, важнее для их матери и отца, чем они сами. Мы хотим, чтобы наши дети любили церковь и были преданы ей. Мы не хотим, чтобы они начали винить церковь в том, что мама и папа были слишком рассеяны или слишком заняты, чтобы быть рядом с ними в трудную минуту.

Независимо от того, о чьей семье идет речь — семье пастора или другого человека, всем нам приходится сталкиваться с ситуациями в поместной церкви, которые находятся вне нашего контроля, такими как смерть, несчастный случай или семейный кризис. В такие времена всей семье, возможно, придется пожертвовать собой, чтобы послужить нуждающимся. Но в нашей жизни также должны быть моменты, когда наши дети видят, как мы жертвуем ради них. Иногда мы должны общаться со многими людьми, но в других случаях мы должны делать так, чтобы все наше время принадлежало нашим детям и чтобы они не соревновались с другими за наше внимание. И чем они младше, тем это важнее. По мере того, как дети взрослеют, они становятся более зрелыми в своем понимании жизни и служения и более готовыми к тому, что их родители уделяют время другим людям.

Вот главный принцип, которым нужно руководствоваться: посреди всех многочисленных дел и обязанностей в служении мы должны выкраивать достаточно времени, чтобы быть со своей семьей и ни с кем другим. Это опять-таки относится ко всем семьям, независимо от того, вовлечены ли родители в служение на полное время или просто являются активными членами поместной церкви. Делайте как можно больше дел вместе: посещайте всей семьей церковные богослужения, разделяйте приемы пищи, изучайте вместе Библию, молитесь в кругу семьи, проводите вечера за играми, смотрите кино, посещайте различные церковные, школьные и спортивные мероприятия, праздничные торжества, а также ездите вместе в путешествия и в отпуск. Просто проживайте жизнь вместе! Насколько это возможно, с энтузиазмом поддерживайте своих детей в их начинаниях и интересах. Если они занимаются спортом, посещайте все их соревнования, какие сможете; если они занимаются искусством, ходите на все возможные концерты и представления с их участием. Ситуация, когда вас нет рядом, чтобы подбодрить их, должна быть исключением, а не правилом. Вы никогда не пожалеете ни об одном моменте, потраченном на то, чтобы укрепить отношения со своими детьми и поощрить их в развитии. Вложите столько времени и усилий, сколько сможете, в создание такой семьи, которую они будут любить и которой будут дорожить.

Правильная расстановка приоритетов

Суть в следующем: если у нас есть дети, они не должны сомневаться в том, что занимают особое место в нашем сердце. Конечно, нам нужно любить других, особенно членов нашей церкви. Нам нужно служить другим и участвовать в их жизни, но наши дети должны быть уверены, что они для нас приоритет. Их нам доверил Господь. На нас возложена обязанность любить их, учить и воспитывать в познании Бога (Еф. 6:4). Поэтому мы не должны допускать, чтобы мы были поглощены всеми остальными людьми настолько, что у нас не хватит для собственных детей времени и внимания, в которых они нуждаются. К сожалению, мы грешники и во многом несовершенны как родители. Однако, несмотря на наши самые лучшие намерения, идеальных родителей не бывает, и обязательно возникнут моменты, когда мы потерпим неудачу. В свете сказанного очень важно регулярно напоминать нашим близким о том, как сильно мы их любим. Очень важно, чтобы наши дети, оглядываясь на свои ранние годы, вспоминали нашу неизменную любовь к ним и то, что мы хотели проводить с ними время. Никогда не жертвуйте своими долгосрочными отношениями с детьми ради отношений, которые часто оказываются краткосрочными. По той или иной причине многие люди, которые есть в нашей жизни сегодня, исчезнут из нее уже через десять лет. Но наши дети, дети, которых нам дал Господь, скорее всего, останутся в нашей жизни надолго.

Что, если я не замужем?

Если вы не замужем, у вас есть уникальная возможность послужить Христу и другим верующим. Поэтому вы должны стремиться максимально использовать эту возможность. Тем не менее даже в такой ситуации вам нужно соблюдать баланс между обязательствами, потому что у вас могут быть родители, братья, сестры или другие родственники, о которых вы должны заботиться. Если члены вашей семьи не знают Господа, то вполне возможно, что у вас будут более близкие отношения со многими верующими в церкви. Если это так, не забывайте по-прежнему ценить семью, в которую вас поместил Бог, и помните, что ваше свидетельство любви и заботы о них имеет очень большое значение. Делайте все возможное, чтобы продолжать активно участвовать в развитии этих отношений. Не допускайте, чтобы ваше служение церковной семье ослабило желание служить вашей земной семье.

ОТВЕТСТВЕННОСТЬ СЛУЖЕНИЯ ДРУГИМ

Не забывайте о других

Как мы уже определили, семья чрезвычайно важна. С другой стороны, нам все еще нужно остерегаться эгоистической тенденции к жизни по принципу «своя рубашка ближе к телу». Мы не должны допускать, чтобы мы сосредоточивали все свое внимание на детях и делали из них идолов. Это может произойти в результате нездорового отношения к детям, когда все в нашей жизни начинает вращаться вокруг них. Это приводит к тому, что мы начинаем пренебрегать своими обязанностями в других ключевых сферах нашей жизни. Нам также необходимо осознавать, что если мы постоянно поддаемся незаметному искушению быть поглощенными своей семьей, то у нас просто не останется времени на служение кому-либо другому.

Действуйте целенаправленно, когда служите нуждам окружающих вас людей, как верующих, так и неверующих. Помогайте не только членам своей церкви, но также друзьям и соседям, которые не знают Христа. Пользуйтесь всеми доступными способами, чтобы применять свои способности и дары для служения другим в вашем окружении. Один из самых верных путей к радости и удовлетворению — это жить, сосредоточиваясь на нуждах других людей, а не на себе.

Вы слишком заняты?

Во всем сказанном нам следует всегда помнить одну истину: мы никогда не должны приравнивать благополучие наших отношений с Богом к нашей занятости в служении вне дома. Это не одно и то же. В жизни бывают моменты, когда мы полностью посвящены Господу и у нас близкие и здоровые отношения с Ним. Тем не менее самое мудрое, что мы можем сделать для самых близких нам людей, — это на некоторое время отложить наши обязанности по служению. К сожалению, слишком часто люди настолько заняты внешним служением, что это начинает сказываться на их семьях.

Разные периоды в жизни

Тем, кто пытается совместить много разных ролей, не следует забывать, что в жизни бывают разные периоды. Порой у вас будет гораздо больше возможностей для внешнего служения, чем в другое время. Особенно, если вы мать младенце и маленьких детей, вашим приоритетом должны быть ваши дети. По Своей суверенной воле Господь даровал вам этих детей, и это огромная ответственность. Но не думайте, что вы не можете участвовать в служении в этот период. Молиться за других — это служение. Позвонить кому-то, приготовить для кого-то еду — это служение. В период жизни, когда у вас маленькие дети, самым мудрым решением будет сосредоточиться на служении, которое можно выполнять у себя дома и которое не требует много времени. Кроме того, когда вы кому-то служите, всегда старайтесь, если возможно, вовлечь в это служение своих детей. Мы хотим научить их с ранних лет, как заботиться о других людях, чтобы наши дети рассматривали служение другим как неотъемлемую часть жизни. Служение — это и привилегия, и радость, и мы обязаны показать это нашей семье.

Когда ваши дети вырастут и в конце концов покинут дом, вы постепенно поймете, что у вас больше свободы для внешнего служения. Будучи женой пастора, я участвовала в различных церковных служениях. К сожалению, были времена, когда обязательства накапливались, и я позволяла себе слишком много служить вне дома. Я утрачивала баланс. Вспоминаю определенные моменты, когда мне приходилось резко сокращать свою нагрузку и упрощать график ради блага своей семьи.

Ваши главные ученики

Долгие годы я занималась ученичеством с другими женщинами, и временами чувствовала себя виноватой в том, что не сделала всего, что могла сделать в этом служении. Но знаете, что Господь мне показал со временем? Я посвятила много-много лет наставничеству в жизни четырех человек: мои дети — это мои главные ученики! Это ученики, которых Бог доверил мне и моему мужу. Какая трагедия, если я так занята и так отвлечена служением женщинам в своей церкви, что у меня не хватает времени на самых главных учеников — моих собственных детей.

НЕ ЗАБЫВАЙТЕ О СВОЕМ МУЖЕ

Наконец, если вы жена и мать, я хочу упомянуть здесь еще одну более узкую сферу в рамках семьи, в которой нам также необходимо сохранять баланс. Это баланс между нашими отношениями с мужем и отношениями с детьми. Как мать, воспитавшая четверых детей, я понимаю, что временами они действительно могут отнимать у нас все время. Годы, когда все дети по-прежнему находятся с нами, — это, пожалуй, самые занятые и самые напряженные годы нашей жизни. Иногда нам кажется, что у нас едва хватает времени на то, чтобы дышать. В такие периоды мы можем быть настолько сосредоточенными на детях, что у нас не остается ни времени, ни сил на наших мужей. Я помню несколько случаев, когда муж приходил домой с работы, а я была настолько измучена, что хотела просто передать ему детей у двери и сразу лечь спать! Я призываю вас просто сделать всевозможное, чтобы сохранить немного сил для общения с вашим мужем. Даже такая вещь, как тихий разговор на диване после того, как дети улягутся спать, может иметь большое значение. Никогда не забывайте, что отношения между мужем и женой по-прежнему остаются главными и отношениями в семье, и ими нельзя пренебрегать, на каком бы этапе жизни мы ни находились.

КРАЙНОСТИ

Итак, когда мы нарушаем баланс между семьей и служением, в чем это проявляется? Какие явления мы можем наблюдать в нашей жизни? Если вы уделяете слишком много внимания семье, чаще всего это сопровождается следующими признаками:

- эгоцентричная сосредоточенность внимания на семье;
- склонность боготворить своих детей (наша жизнь начинает вращаться вокруг них);
- пренебрежение служением тем людям, которые не являются членами семьи;
- недостаток посвящения поместной церкви и ненадежность в служении.

Если вы уделяете слишком много времени служению, вы можете столкнуться со следующими проблемами:

- пренебрежение своими обязанностями перед семьей;
- проблемы с детьми и семьей, возникающие из-за отсутствия должного внимания к семейным делам;
- недостаток любви к церкви у ваших детей.

Без сомнения, поддерживать баланс между заботой о семье и служением нелегко. Будьте готовы взять отдых от служения и оценить свои успехи в этой области. Если вы не замужем, спросите людей из церкви, есть ли у них какие-либо опасения по поводу вас, вашей семьи и вашего участия в служении. Если вы состоите в браке, попросите супруга поделиться с вами полезными мыслями. Будьте готовы со смирением принять мнение других по поводу этих важнейших аспектов вашей жизни и продолжайте молиться о Божьей мудрости и водительстве в принятии решений. Баланс между семьей и служением — это жизненная необходимость, поэтому вы будете рады услышать объективное мнение со стороны.

Для личного размышления и применения

ГЛАВА 2. СЕМЬЯ И СЛУЖЕНИЕ

1. Как принципы, изложенные в этой главе, применимы к людям, не состоящим в браке? Какие обязательства есть у незамужних и неженатых перед своими близкими?

2. Что Бог говорит нам в Бытии 2:24 и Ефесянам 5:22–23 о том, как должны относиться друг к другу муж и жена христиане? Какие приоритеты должны быть у жены и матери, согласно Титу 2:4–5 и 1 Тимофею 5:14?

3. Кратко перечислите обязанности родителей, описанные во Второзаконии 6:5–7 и Ефесянам 6:4. Если вы являетесь родителем, каким образом эти стихи бросают вызов лично вам?

4. Изучите Римлянам 12:3–8 и 1 Коринфянам 12:4–27. В чем члены тела Христова подобны членам физического тела? Принимая во внимание эти сходства, с каким отношением мы должны служить друг другу?

5. В Библии мы находим много заповедей, касающихся взаимного служения верующих друг другу, например: Иоанна 13:34; Римлянам 15:14; Галатам 5:13; 6:1–2; Ефесянам 4:2, 32; Колоссянам 3:16; 1 Фессалоникийцам 5:11; Евреям 3:13; 10:24–25; 1 Петра 5:5 и 1 Иоанна 1:7. Поразмышляйте над своими обязанностями перед братьями и сестрами во Христе и определите, в чем вам нужно возрасти.

6. Опишите случай, когда вам пришлось сказать «нет», чтобы сохранить правильный баланс между служением своей семье и служением другим верующим.

…Если кто хочет идти за Мною, отвергнись себя, и возьми крест свой,
и следуй за Мною.

Луки 9:23

…Научающая нас, чтобы мы, отвергнув нечестие и мирские похоти, целомудренно, праведно и благочестиво
жили в нынешнем веке…

Титу 2:12

Итак, стойте в свободе, которую
даровал нам Христос…

Галатам 5:1

К свободе призваны вы, братия…

Галатам 5:13

…Бога живого, дающего нам все обильно для наслаждения…

1 Тимофею 6:17

ГЛАВА 3

САМООТРЕЧЕНИЕ И СВОБОДА

Многие известные строки из пьес Уильяма Шекспира цитируются уже многие века. Одна из самых известных цитат содержится в монологе Гамлета в первой сцене третьего акта пьесы «Гамлет». В мучительной попытке постичь природу бытия и определить, что лучше — жизнь или смерть, трагический герой пьесы начинает свою речь следующими знаменитыми словами: «Быть или не быть, вот в чем вопрос».

Хотя это емкое высказывание толкуют и применяют по-разному, одна из причин его известности в том, что оно затрагивает такие глубокие философские понятия, как сущность бытия и главный вопрос философии — «быть» или «не быть». Несмотря на то, что некоторые называют этот вопрос главной экзистенциальной проблемой, в жизни есть еще один, пожалуй, не менее глубокий и серьезный вопрос. Это дилемма «делать» или «не делать». В жизни мы ежедневно вынуждены принимать решения по поводу того, что нужно и чего не нужно делать. Это подводит нас к следующей сфере, в которой нам также необходимо поддерживать баланс. Речь идет о балансе между самоотречением и проявлением дозволенной свободы. Это важная тема, поскольку речь идет о выборе, который мы делаем каждый день своей жизни. Мы должны решать, в чем мы участвуем, а в чем нет, что смотрим, а что нет, во что вкладываем время и силы, а во что нет.

Без сомнения, концепция самоотречения становится важным аспектом нашей христианской жизни с того самого момента, когда мы обретаем спасение. В Луки 9:23 наш Господь говорит: «Если кто хочет идти за Мною, отвергнись себя, и возьми крест свой, и следуй за Мною» (см. также Мф. 16:24; Мк. 8:34). Когда мы преклоняем колени перед Господом Христом, это подразумевает отречение от себя, а также подчинение воле Бога в нашей жизни.

Мы понимаем, что для того, чтобы жить святой, благочестивой жизнью, нам нужно многое отвергнуть. В Титу 2:12 звучит для нас повеление отвергнуть «нечестие и мирские похоти» и жить «целомудренно, праведно и благочестиво… в нынешнем веке». Первое послание к Коринфянам призывает нас усмирять и порабощать свое тело (9:27). Само собой разумеется, мы должны избегать очевидного греха. Однако в другом месте в Первом послании к Коринфянам апостол Павел говорит, что нам, возможно, придется отказаться даже от чего-то хорошего, потому что оно бесполезно для нас (6:12). Итак, христианская жизнь, несомненно, требует от нас самоотречения.

Тем не менее в Послании к Галатам сказано о том, что представляет собой блаженная гармония в этой сфере жизни. В пятой главе Павел призывает нас твердо стоять в своей свободе и не «подвергаться опять игу рабства» (5:1). Затем, всего несколькими стихами ниже в этой же главе, он напоминает читателю: «К свободе призваны вы…» (5:13).

Из этих стихов совершенно ясно, что мы призваны не только к самоотречению, но и к свободе во Христе. Павел подкрепляет эту мысль напоминанием, что Бог дает «нам все обильно для наслаждения» (1 Тим. 6:17). Другие отрывки, например, Римлянам 14, дают нам более полное представление о том, как верующие должны распоряжаться своей свободой. В этой главе также подчеркивается необходимость всегда действовать с любовью по отношению к нашим братьям и сестрам во Христе (14:14–19). В Колоссянам 2:16–23 мы снова видим, что Павел затрагивает вопрос о самоотречении и свободе. Здесь он предупреждает христиан о том, что они не должны осуждать друг друга и подчиняться законническим правилам и повелениям, которые напрямую и ясно не вытекают из Писания.

ПРЕДМЕТ БОЛЬШИХ СПОРОВ

К сожалению, вопрос о христианской свободе уже долгое время вызывает множество споров среди верующих. Однако эта полемика всего лишь свидетельствует о том, что в данном вопросе нам крайне необходимо соблюдать баланс. Суть проблемы в следующем: несомненно, у нас есть свобода во Христе, но мы не можем допустить, чтобы эта свобода вводила нас в грех. В Галатам 5:13 сказано, что мы призваны к свободе, но в том же послании звучит ясный призыв не использовать ее как повод «к угождению плоти». В Первом послании Петра мы также видим, что апостол касается этой проблемы и дает нам полезное наставление: мы должны жить «как свободные, не как употребляющие свободу для прикрытия зла, но как рабы Божии» (1 Пет. 2:16). Итак, очевидно, что Писание не источник споров вокруг этой темы. Напротив, причиной разногласий является, прежде всего, различие в мнениях среди христиан относительно нашей свободы совершать определенные поступки, а также нежелание некоторых верующих благоразумно ограничивать свою свободу.

Опасности с обеих сторон

Самоотречение и свобода — две неотъемлемые составляющие христианской жизни, которые дополняют друг друга. Тем не менее легко можно впасть в одну или другую крайность. Верующие, которые чрезмерно подчеркивают свою свободу, могут думать, что они невинно наслаждаются свободой во Христе. Однако с течением времени они, к сожалению, могут увлечься до такой степени, что личная святость утратит для них актуальность, а затем даже впасть в открытый грех. Мы всегда должны следить за тем, чтобы не быть под властью греха (1 Кор. 6:12).

С другой стороны, христиане, сосредоточенные на самоотречении, могут вскоре погрязнуть в трясине самоправедности и возгордиться всем тем, от чего они отрекаются. Они могут увлечься своим самообладанием и, подобно фарисеям времен Иисуса, пытаться при помощи этих качеств обрести праведность, чтобы снискать Божье принятие. Естественным (и плачевным) последствием этой склонности является то, что эти люди часто начинают судить о своих единоверцах по стандартам, которые установили в своей жизни сами.

К сожалению, все это свидетельствует не об истинной праведности, а о самоправедности.

ЛОВУШКА ЗАКОННИЧЕСТВА

Такая одержимость самоотречением, ведущая к самоправедности, лежит в сущности явления, которое многие называют законничеством. Согласно Библии, в основе законничества обычно лежит неправильное понимание сути спасения и тщетное стремление снискать благосклонность Бога и заслужить спасение самоотречением и добрыми делами. В отличие от библейского употребления данного термина, среди современных христиан принято называть какого-либо человека «законником» в контексте вопроса о посвящении. Что же такое освящение? Значение этого слова происходит от еврейских и греческих терминов, которые передают идею «отделения» и «посвящения». Итак, постепенное освящение указывает на духовный рост, в процессе которого мы все больше уподобляемся Христу и, следовательно, все больше отделяемся для Его целей. В этой главе мы будем рассматривать законничество в контексте нашего освящения.

Еще один термин, который часто употребляется для описания законничества, — это праведность по делам. Опять же, некоторые ошибочно полагают, что мы можем стать более праведными в глазах Бога благодаря тому, что мы делаем и чего не делаем. Безусловно, нам необходимы стандарты и нам нужно жить святой жизнью. Но помните, что наши добрые дела никоим образом не способствуют Божьему принятию. Это неверное понимание учения об оправдании, которое касается вопроса о том, как мы обретаем правильное положение перед Богом. Система оправдания по делам также основана на искаженном представлении об освящении, согласно которому мы стремимся расти духовно, сосредоточиваясь только на внешней религиозности, а не на своем сердце. Эта проблема не нова. В Матфея 23 Христос в очередной раз сталкивается с самоправедными фарисеями и резко осуждает их лицемерие:

> *Горе вам, книжники и фарисеи, лицемеры, что уподобляетесь окрашенным гробам, которые снаружи кажутся красивыми, а внутри полны костей мертвых и всякой нечистоты; так и вы по наружности кажетесь людям праведными, а внутри исполнены лицемерия и беззакония (Мф. 23:27–28).*

Его праведность, а не наша

Наше самоотречение и добрые дела не спасают нас. И даже после того, как мы обретаем спасение, они не делают нас более угодными Богу. Когда мы приходим ко Христу со спасительной верой, Он засчитывает нам Свою праведность. У нас никогда не было собственной праведности и никогда не будет. Мы никогда не сможем ничего добавить к тому, что уже вменил нам Христос. Суть евангельской вести в том, что мы получаем спасение и пребываем в нем по удивительной Божьей благодати! Джон Пайпер высказывает похожую мысль:

> *Бог принимает нас на основании праведности Христа, а не нашей праведности. Безусловно, наше прогрессивное освящение,*

то есть наше постепенное возрастание в уподоблении Христу, имеет огромное значение. Это неотъемлемое доказательство истинности нашей веры. Но как прекрасно посреди пугающей тьмы собственного несовершенства быть уверенными в том, что мы обладаем совершенной праведностью — праведностью Христовой [7].

Почему Евангелие так важно

Эта истина служит нам напоминанием о важности Евангелия и о том, что Христос приобрел для нас Своей совершенной жизнью, а также заместительной жертвой на кресте. Мы никогда не должны забывать об этом. Когда мы думаем о Нем и размышляем о Его искупительном подвиге ради нас, у нас снова появляется побуждение быть послушными и совершать добрые дела. Да, мы принимаем на себя обязательство повиноваться заповедям Господа, ведь это обязательство должны исполнять все те, кто является Его последователями и признает Его господство. Но глубокое понимание сути Евангелия пробуждает в нас дух радости и благодарности, мотивируя к послушанию. И этот дух искренней благодарности, подкрепляемый ежедневным осознанием любви Христа к нам и нашей любви к Нему, влияет не только на то, что мы делаем, но и на то, почему и как мы это делаем.

Синдром старшего брата

Зачастую мы, христиане, ведем себя, как старший брат из притчи о блудном сыне из Луки 15:11–32. Он не выступал

---

[7]   Piper, J. (2004). *When I Don't Desire God: How to Fight for Joy* (Wheaton, IL: Crossway Books). С. 85.

Как сохранять баланс

противотцаоткрыто,какмятежныймладшийбрат.Наоборот,онбылуступчивымисговорчивым,покрайнеймере внешне, — образцовым сыном! Однако, как выяснилось позже,всеэтовремяонтаилвсвоемсердцеглубокуюобиду на отца. Хотя он был послушен, он любил своего отца небольше,чемегомладшийбрат.Конечно,оннепонимал, чтоотецвсвоейлюбвипроявляеткнемумилость.Старший сынбылпослушенотцурадисебясамого;онповиновался, чтобыполучитьпризнаниеотца.Иначеговоря,онпроявлял послушание из неправильных побуждений.

Старший брат из притчи о блудном сыне — это прекрасный пример человека, который пытается заслужить праведность делами, то есть совершать дела, чтобы снискать Божье расположение и стяжать праведность. Однако суть истинного Евангелия совсем в другом. Когда мы повергаем себя пред Богом в смирении, с покаянием и верой, не имея ничего, что бы мы могли предложить Ему, кроме собственной полной беспомощности, Он спасает нас по Своей благодати. Затем, после того, как мы обретаем спасение, в своей повседневной жизни мы должны помнить, что по-прежнему ничего не можем сделать, чтобы стать более праведными в своем положении перед Ним. Если мы пережили истинное возрождение, это значит, что Бог «облагодатствовал нас в Возлюбленном» Своей благодатью (Еф. 1:6). Поэтому наше послушание проистекает не только из чувства долга, но и из искренней любви к нашему Спасителю. Мы повинуемся не ради того, чтобы заслужить Божью благодать; мы повинуемся под влиянием Божьей благодати. Евангелие, ежедневно действующее в нашей жизни, спасает нас от законничества.

Выбор, выбор и еще раз выбор

В связи с этим хотелось бы поговорить о том, как определить, что нам следует и чего не следует делать в христианской жизни. Если мы не хотим впадать в законничество и приобретать привычку судить других людей, нам необходимо научиться разграничивать библейские вопросы и так называемые вопросы, касающиеся личных предпочтений. Библейские вопросы рассматриваются в Писании как прямое поощрение или запрет, и таких можно найти множество. В отношении вопросов, которые касаются личных предпочтений, напротив, мы не находим в Писании ни одобрения, ни запрета. Иногда мы называем такие вопросы «серыми зонами» жизни, которых также немало.

Многие из наших предпочтений, даже сильные личные убеждения, как правило, касаются внешних вещей (внешнего вида, поведения и т. д.). Такие сферы можно перечислять очень долго. Вопрос может касаться нашего внешнего вида. Следует ли делать макияж? Можно ли женщинам носить брюки? Какой длины должны быть волосы у мужчины? А как насчет татуировок и пирсинга? Или же вопрос может касаться развлечений. Следует ли нам смотреть телевизор? Должен ли у нас вообще быть телевизор? Можно ли ходить в кино? Какие фильмы разрешается смотреть? Может быть, можно смотреть только фильмы, подходящие для детей, и никакие другие? А как насчет музыки? Какую музыку слушать — христианскую или светскую? Можно ли слушать и ту, и другую, или только что-то одно? И где следует проводить границу между тем, что можно слушать, и тем, что нельзя? А что можно сказать об образовании? Какой вид образования следует выбрать — государственное, частное или домашнее обучение? Политика — еще одна спорная сфера, по поводу которой христиане могут придерживаться различных точек зрения. Кто прав, а кто нет? Как это определить?

Существует довольно много серых зон, в которых верующие могут придерживаться самых разных мнений. Опасность в том, что мы от природы склонны осуждать тех, кто с нами не согласен, какими бы ни были наши убеждения. Однако очень важно научиться уважать предпочтения и убеждения наших братьев и сестер во Христе так, как мы хотели бы, чтобы они уважали наши. Иногда возникают ситуации, в которых мы вынуждены со смирением и любовью говорить правду другим верующим, потому что искренне обеспокоены какой-либо проблемой в их жизни. Однако в конечном счете не нам судить других (Рим. 14:10). Поэтому мы должны верить, что Бог наставляет и направляет каждого верующего лично, и просто предавать это дело Ему.

Непонимание сути проблемы

Мы встаем на узкий путь законничества, когда начинаем приравнивать вопросы о личных предпочтениях к вопросам, касающимся учения (и относиться к братьям и сестрам соответственно). Христиан, которые начинают заострять внимание на внешних признаках и судить других по тем же критериям, мы называем «законниками». Таким образом, опасность законничества в контексте нашего освящения в том, что люди судят о своей собственной духовности и духовности других христиан по придуманным людьми правилам, которых нет в Писании. Именно такое законническое осуждение чаще всего провоцирует конфликты между верующими.

Если мы честны с самими собой, мы должны признать, что каждый из нас постоянно сталкивается с искушением впасть в законничество. Поскольку мы несовершенные грешники, все мы время от времени боремся с разными проявлениями законничества в нашей жизни, многие из которых даже не осознаем. Я общалась с людьми, которые называли себя верующими, но на самом деле находились в рабстве законничества. Такие люди живут в порабощении собственными правилами, и их жизнь в буквальном смысле сводится к длинному перечню того, что можно и чего нельзя делать. Они постоянно применяют эти правила ко всем — не только к себе, но и к окружающим. Когда я думаю об этих людях, единственный емкий эпитет, который мне приходит на ум, — это слово «безрадостные». Их христианская жизнь совершенно лишена радости, мира или счастья. Это не что иное, как обязанность, рутинный долг, тяжелый труд. Я также заметила, что этим людям часто бывает очень трудно прощать других. Законник может легко затаивать обиду на окружающих людей, которые не соответствуют навязанным стандартам. Но какую бы форму ни принимало законничество, для верующего это совершенно угнетающая жизненная позиция, а не та жизнь, которую Господь предназначил для Своих детей.

Суть мышления законника хорошо отражена в следующем юмористическом и в то же время трагическом стихотворении:

> Верь точно так, как я, до мелочей,
> И что один я прав, признай скорей.
> Ты должен мыслить, чувствовать, как я,
> В деталях, вплоть до пищи и питья.

Во всем мне подражай, и лишь тогда
Твоим я другом стану навсегда [8].

СВОБОДА В ЛЮБВИ

Сильные и немощные

Обратная сторона этой медали — свобода, которую мы имеем во Христе и за которую благодарны Богу. Но когда дело касается христианской свободы, необходимо помнить, что мы должны быть свободными в соответствии с библейскими принципами. В Римлянам 14 мы видим, что апостол Павел затрагивает важную проблему в римской церкви — взаимоотношения между «сильными» и «немощными» верующими в церкви. Оба термина описывают способность человека применять учение об оправдании верой в повседневной жизни. Те, кого апостол называет «сильными в вере», — это люди, которые понимают, что раз человек оправдался верой, то уже ничто не может изменить его положение. А «немощные в вере» — это люди, которым сложно поверить, что Бог их полностью принял, поэтому они склонны создавать для себя правила, пытаясь успокоить свою совесть. В каждой поместной церкви есть сильные и немощные братья, о которых говорится в Римлянам 14. Вот главная мысль Павла в этой главе: при решении вопросов, по поводу которых эти братья и сестры придерживаются разных убеждений, мы должны руководствоваться любовью. Кроме того, мы должны стараться сохранять

---

8   Swindoll, C. (1983). *Growing Strong in the Seasons of Life* (Grand Rapids, MI: Zondervan). С. 286.

смирение и открытое к научению сердце перед Господом, убедившись в том, что наше проявление свободы на самом деле касается я вопроса личных предпочтений, которые не запрещены в Библии.

Обращаться осторожно!

Если у вас есть христианская свобода, которой вы можете пользоваться с чистой совестью перед Господом, но вы знаете, что это может оскорбить брата или сестру во Христе, что вам делать? Если вы любите этих людей, то на самом деле для вас есть только один выход: пользуйтесь своей свободой со смирением, мудростью и наедине, благодаря Бога за то, что по Своей благодати Он решил даровать Своим детям определенные удовольствия в этом мире. Но при этом мы не должны выставлять напоказ свою личную свободу во вред другим. Поистине печально, что в различных социальных сетях многие люди поступают именно так. В наше время, когда единство среди верующих и без того стало хрупким, зачем кому-то без необходимости оскорблять своих братьев и сестер, выставляя напоказ свою особую свободу перед теми, кто придерживается иных убеждений? Какой благой цели это может послужить? На самом деле это не любовь; напротив, это проявление эгоизма. Мы всегда должны осторожно пользоваться своей свободой. В таких ситуациях, связанных с конфликтом на почве различий в убеждениях, нам следует прислушаться к искренней мольбе Павла в Ефесянам 4:

>> *Итак, я, узник в Господе, умоляю вас поступать достойно звания, в которое вы призваны, со всяким смиренномудрием*

и кротостью и долготерпением, снисходя друг ко другу любовью, стараясь сохранять единство духа в союзе мира (4:1–3).

Совесть, обученная Словом

Возможно, здесь уместно высказать еще одну мысль по поводу наших личных предпочтений, которые могут отличаться от предпочтений других людей. Мы никогда не должны поощрять других верующих участвовать в каком-либо деле против собственной совести. Игнорировать свою совесть опасно: мы теряем способность распознавать ее голос, в результате чего она перестает оберегать нас. Как следствие, мы можем предаться занятиям, на которые уязвленная совесть другого человека может отреагировать глубоким чувством вины (Рим. 14:13–23; 1 Кор. 8:9–13). Напротив, в целом ряде новозаветных текстов говорится о ценности чистой совести (Деян. 24:16; Рим. 13:5; 1 Тим. 1:5, 19; 3:9; 2 Тим. 1:3; Евр. 13:18; 1 Пет. 3:16). Конечно, некоторые христиане не тренируют свою совесть Писанием должным образом. Это может привести к тому, что у них сформируются ненужные убеждения, и эти верующие будут совершать определенные действия под влиянием ошибочных взглядов. Если в нашей жизни есть люди, которые, как нам кажется, придерживаются небиблейских убеждений, мы должны молиться за них и призывать их держаться здравого учения Божьего Слова. Есть надежда (и большая вероятность), что, если они будут назидать свою совесть Писанием, а пребывающий в них Святой Дух будет наставлять и просвещать их разум, их убеждения постепенно будут становиться все более библейскими.

СЛОВО К РОДИТЕЛЯМ

Завершая эту главу о балансе между самоотречением и свободой, я хочу поговорить о том, какое отношение этот вопрос имеет к воспитанию детей. Наша естественная склонность к законничеству и акценту на внешнем влечет за собой серьезные последствия для тех из нас, у кого есть дети. Мы подвержены искушению успокаивать себя внешним послушанием своих детей и пренебрегать такими серьезными проблемами их сердца, как гордость, эгоизм или гнев. Когда нам не удается решить эти более глубокие проблемы, мы, сами того не осознавая, превращаем своих детей в маленьких фарисеев, которые гораздо больше озабочены внешним, чем внутренним. К сожалению, опасность в том, что позже, особенно в подростковом возрасте, дети могут научиться очень хорошо скрывать свое истинное духовное состояние под маской внешней праведности. Мы ни в коем случае не должны способствовать тому, чтобы наши дети становились лицемерами. Мудрый подход к воспитанию заключается в том, что с самого начала мы говорим нашим детям о проблеме в их сердце и с любовью указываем им на нужду в Спасителе.

Не искажайте Слово

Родители, всегда будьте честны со своими детьми в отношении принципов, изложенных в Писании. Верьте истине, которую мы в нем находим! Никогда не искажайте Писание, чтобы оправдать свои слова в отчаянной попытке проконтролировать поведение своих детей. Вместо того, чтобы учить их жить только по вашим правилам, учите детей с раннего возраста обращаться к Божьему Слову и искать помощи у Господа, чтобы поступать правильно. Очевидно, что чем младше ребенок, тем больше он нуждается в рамках и дисциплине с четкими правилами и указаниями. Установление «семейных правил» может помочь нам в воспитании маленьких детей. Но по мере того, как они растут и взрослеют, мы все меньше и меньше должны полагаться на правила и все больше и больше учить их применять библейские истины в решении повседневных проблем. Они должны научиться искать Божьего водительства, чтобы принимать мудрые решения по поводу того, что им делать и чего не делать. Нашим детям нужно хорошо поразмышлять над такой важной темой, как баланс между самоотречением и свободой, и сделать выводы для себя лично. Нам нужно побуждать их регулярно задавать себе следующие вопросы: что говорит Бог в Библии по поводу этой проблемы? чего ожидает от меня Господь в этой ситуации? как я могу проявить любовь к другим людям в данном случае? Из всех сил старайтесь помогать своим детям воспитывать в себе правильный страх перед Господом (Прит. 1:7; 2:5–6; 3:7), чтобы они научились управлять всеми аспектами своей жизни в свете Бога и Его Слова.

Доверьте своих детей Богу

Одна из самых трудных задач для нас как родителей в нашем пастырском служении своим детям — это научиться полагаться на Божье всевластие и верить, что Святой Дух будет обличать и направлять их сердца. Это может быть довольно сложно, потому что зачастую мы, родители, склонны думать, что только мы можем наилучшим образом проконтролировать своих детей. Ведь просто настаивать на том, чтобы они выполняли длинный список правил, — это легче всего! Вы оказываете детям медвежью услугу, когда делаете их зависимыми от правил и предписаний вместо того, чтобы усердно учить их применять Божье Слово в своей жизни. На родителей возложена огромная ответственность: они должны передавать своим детям истину. К сожалению, мы часто видим, как дети старшего возраста вырастают и уходят из церкви, отрекаясь от всего, чему их учили в детстве, а иногда даже от своей веры. Как это ни прискорбно, но они, возможно, никогда не задумывались над трудными вопросами в свете учения Писания. Возможно, они никогда не осознавали, насколько полезна и чрезвычайно практична Библия в решении наших житейских проблем (2 Пет. 1:3). Печально, что они, возможно, так и не поняли, как применять библейское учение для того, чтобы противостоять искушениям и давлению со стороны этого мира (1 Кор. 10:13). Затем, когда наши дети освобождаются от всех этих правил, они всецело предаются всевозможным ложным обещаниям и соблазнам этого мира. Иногда они возвращаются к Богу, а иногда нет. Для человека, который многолет буквально вкладывал жизнь в своего ребенка, нет большего горя, чем это.

Сила молитвы

Родители, поймите важную истину: в жизни ваших детей наступит время, когда они станут взрослыми, и вы, по сути, уже не сможете их контролировать. На этом этапе воспитания вашим основным служением своим детям будет молитва за них (и, возможно, помощь советом, если они попросят об этом). Поэтому с самого рождения детей развивайте в себе привычку постоянно молиться за них и предавать их Господу. Никогда не прекращайте молиться, независимо от того, сколько им лет. Молитесь, чтобы Святой Дух совершил в их сердцах то, что мы не в силах сделать сами. Покажите им, что вы родители, которые любят Бога и верят в силу ходатайственной молитвы.

Отношения, а не только правила

Как упоминалось в предыдущей главе, несмотря на самые благие намерения, все родители ошибаются. Поскольку мы грешники, иногда мы принимаем неправильные решения и выносим неверные суждения. В такие моменты мы должны верить, что милосердный Отец знает наше сердце и каким-то образом использует слабые усилия родителей ради блага их детей. К счастью, в воспитании детей есть несколько основных принципов, которые помогут нам. Во-первых, нам необходимо ценить наших детей и считать их драгоценным даром от Господа (Пс. 126:3). Во-вторых, мы должны поставить перед собой цель построить с ними настолько крепкие отношения, насколько это возможно: нам нужно любить, дисциплинировать, учить, воспитывать, слушать и поддерживать их, а также заниматься с ними серьезными делами и вместе развлекаться! Пускай у вас останется как можно больше приятных воспоминаний о времени, проведенном вместе. Возможно, когда-нибудь эти отношения помогут вам преодолеть трудные времена. А если все, что вы смогли дать своим детям, — это список правил, которые нужно выполнять, и вы не тратите много времени и усилий на то, чтобы выстроить с детьми крепкие, доверительные отношения, к сожалению, вы создаете все условия для того, чтобы они перестали с вами общаться или, в худшем случае, даже взбунтовались против вас в будущем.

Сила любви «агапе»

Прежде всего, убедитесь, что ваши дети знают, что вы их любите и что никакие их слова или действия никогда не повлияют на вашу любовь. Никакие! Когда они станут взрослыми, вы можете не соглашаться с каждым их мнением или решением, и иногда, возможно, вам придется говорить им суровую правду. Тем не менее они должны быть уверены, что все это не ослабит вашу непоколебимую любовь к ним. Вы хотите лучшего для них. Вы на их стороне и всегда будете их поддерживать! Это любовь «агапе», то есть та любовь, которую наш Отец питает к нам как к Своим детям. Это любовь, которая не думает о себе, а заботится только о благе возлюбленного. Из уст невесты Суламиты в Песне Песней мы слышим красноречивые высказывания о силе любви, о том, что «крепка, как смерть, любовь… Большие воды не могут потушить любви, и реки не зальют ее» (8:6–7). Эти стихи назвали «13-й главой 1 Коринфянам» Ветхого Завета. Такая непреодолимая любовь станет мощной силой в жизни ваших детей.

КРАЙНОСТИ

Давайте рассмотрим потенциальные угрозы, с которыми мы можем столкнуться в поисках баланса между самоотречением и свободой, который влияет на другие сферы нашей жизни. Если вы склонны слишком сильно заострять внимание на самоотречении, это может привести к следующим отрицательным последствиям:

- самоправедность;
- законничество, или праведность по делам;
- неспособность наслаждаться христианской свободой;
- надменное осуждение других верующих и недостаток любви по отношению к ним.

С другой стороны, если вы переоцениваете значение христианской свободы, в вашей жизни могут наблюдаться следующие явления:

- греховность (мирское мировоззрение);
- распущенность (пренебрежение Божьим нравственным законом);
- эгоистичное выставление напоказ христианской свободы;
- надменное осуждение других верующих и недостаток любви по отношению к ним.

Соблюсти баланс в этой обширной области очень нелегко. Во-первых, нам необходимо прийти к правильному библейскому пониманию Евангелия и истинной праведности в нашей жизни. Мы никогда не должны забывать, что добрые дела — это результат нашего спасения, а не его средство. Нам необходимо тщательно изучать Божье Слово, чтобы осознать всю важность святой жизни, а также серьезность разрушительных последствий мирского мышления.

Кроме того, всегда полезно обращаться за советом к зрелым христианам, которые могут помочь нам, когда мы пытаемся исследовать свою жизнь. И наконец, мы должны смиренно искать Божьей мудрости и водительства, чтобы у нас формировались правильные убеждения, а также верить, что Господь действует в жизни наших братьев и сестер.

Для личного размышления и применения

ГЛАВА 3. САМООТРЕЧЕНИЕ И СВОБОДА

1. Что имел в виду Христос в Луки 9:23, когда сказал, что Его истинный ученик должен ежедневно отвергать себя и умирать для себя (см. также 2 Кор. 5:14–15)? Каковы практические последствия выбора, который мы делаем в жизни? Как должна проявляться истина о том, что «любовь Христова объемлет нас»?

2. Объясните суть «законничества» (праведность, основанная на делах) своими словами. К чему оно приводит в вертикальном измерении нашей жизни — в наших отношениях с Богом? Как законничество проявляется в наших отношениях с другими? По каким внешним меркам вы склонны судить других?

3. Приведите несколько примеров наиболее распространенных «серых зон», в которых христиане имеют разные предпочтения? Как правильно реагировать на поведение других верующих, которые не разделяют наших убеждений в определенной области (Рим. 14:3—4, 13)?

4. В чем опасность непонимания сути своей свободы во Христе или злоупотребления ей (Гал. 5:13)?

5. В 1 Коринфянам 6:12 апостол Павел сказал: «Все мне позволительно, но не все полезно». Как вопрос «полезно ли это?» поможет вам в принятии мудрых решений? О какой проблеме Павел говорил в 1 Коринфянам 9:27?

6. Если мы любим наших братьев и сестер по вере, мы будем пользоваться своей свободой во Христе с осторожностью, чтобы не обижать и не соблазнять других. К чему может привести наше поведение, если мы будем искушать другого верующего игнорировать свою совесть? (1 Кор. 8:9–12; Рим. 14:13–15, 20–23).

Благоразумие делает человека медленным на гнев, и его слава для него — быть снисходительным к проступкам.

Притчи 19:11

…Будьте друг ко другу добры, сострадательны, прощайте друг друга…

Ефесянам 4:32

…Любовь покрывает множество грехов.

1 Петра 4:8

Если же согрешит против тебя брат твой, пойди и обличи его…

Матфея 18:15

Если же согрешит против тебя брат твой, выговори ему…

Луки 17:3

…И вы полны благости, исполнены всякого познания и можете наставлять друг друга…

Римлянам 15:14

ГЛАВА 4
ТЕРПЕНИЕ И ОБЛИЧЕНИЕ

В штате Техас протекает крупная река Гвадалупе длиной более 300 км. Она берет начало в центральной части Техаса и впадает в Мексиканский залив. Эта река уже давно стала популярным местом отдыха для любителей гребли на каноэ и байдарках, рафтинга, рыбалки нахлыстом и множества других водных видов спорта. У реки Гвадалупе есть длинные участки, воды в которых совершенно спокойны и мирны, благодаря чему можно спокойно дрейфовать на плавательном круге и, практически ничего не делая, часами нежиться под теплым техасским солнцем. Но у реки есть и другие участки, где она сужается, а острые камни под ней превращают обманчиво спокойный поток в бурлящий котел бушующей воды! В таких местах невозможно просто «ничего не делать», иначе вы вскоре окажетесь в воде, а не над водою.

На всем протяжении реки можно увидеть четко обозначенные точки входа и выхода, и движение по ним строго контролируется. Эти точки преследуют несколько целей, не последняя из которых — не допустить, чтобы ничего не подозревающий человек, плывущий на круге, случайно попал на участок реки, известный своими бурными порогами. В целях общественной безопасности состояние реки постоянно отслеживают по целому ряду признаков, особенно в сезон дождей, когда условия могут быстро измениться, а стремительное течение реки может стать слишком опасным.

Здесь бывают энтузиасты, которые занимаются экстремальным сплавом на плоту по порогам, но большинство отдыхающих предпочитают просто расслабиться и спокойно плыть по реке на круге или резиновом плоту. Особенно весной и летом в реке одновременно может находиться очень много людей, вплоть до нескольких сотен. Дрейфовать на круге или плоту — легкое занятие, которое не требует каких-либо особых навыков. Тем не менее вы все равно должны быть готовы к неожиданностям, как я поняла на собственном горьком опыте.

Мы с мужем родом из Техаса, поэтому за эти годы не раз побывали на реке Гвадалупе и имели возможность насладиться ее красотой. Одна поездка запомнилась нам особенно. Это был поход, который организовала наша церковь. Нас было около десяти человек, и мы плыли на большом плоту, лениво и непринужденно двигаясь вниз по реке. Вдруг мы заметили людей на берегу, которые отчаянно махали нам руками и кричали, указывая вниз по течению. Мы растерянно посмотрели вперед, но ничего не увидели. Сами того не подозревая, по дороге мы пропустили важный поворот и начали неуклонно направляться к падению с полутораметровой бетонной дамбы! К тому времени, когда мы четко услышали грохот воды впереди, было уже слишком поздно что-либо делать: нам оставалось готовиться к чрезвычайной ситуации. Незамедлительно принявшись за дело, мы собрались вместе на середине плота и опустились вниз, отчаянно держась за весла и страховочные веревки. Когда мы перевалили через водопад, плот сложился, как блин, нас окатило водой и сбросило в одну кучу!

К счастью, никто не пострадал и не упал за борт, и мы все потом от души посмеялись над произошедшим. Но я никогда не забуду, как в одно мгновение наш мирный сплав неожиданно превратился в суматошное приключение. Практически без предупреждения мы столкнулись с ситуацией, в которой не оставалось другого выхода, кроме как попытаться сделать все, что в наших силах. Мы не могли позволить себе оставаться пассивными, как раньше.

В этой истории мы можем увидеть отражение нашей жизни в этом мире. Бывают периоды, когда мы наслаждаемся относительно спокойным течением и дрейфуем, сохраняя устоявшийся образ жизни. Мы терпеливо наблюдаем за происходящим и ждем развития событий, оставаясь в бездействии. Потом вдруг возникает трудная ситуация или обстоятельство, и становится ясно, что с этим ничего уже не поделать. Но наша жизнь не река Гвадалупе: у нас на пути нет четко обозначенных пунктов входа и выхода, которые предупреждают о непростых жизненных отрезках. Как и в случае с нашим сплавом по реке, зачастую происходящее застает нас врасплох, и мы практически не подозреваем о том, что нас ждет.

К сожалению, эти трудности могут быть связаны не только с нашей собственной греховностью, но также с недостатками и ошибками других людей, а также с обидами, которые нам причинили другие. Когда нам лучше плыть по течению и проявлять терпение, а когда нужно действовать? Когда нам не стоит обращать внимание на промахи других, а когда необходимо обличить человека? Подобным вопросам посвящена наша следующая тема. Дело в том, что баланс в этой сфере жизни имеет огромную практическую ценность, потому что влияет на то, как мы строим отношения и общаемся с другими. Мы видим, что в каждой конкретной ситуации перед нами стоит выбор — проявить терпение или высказать несогласие. Если мы хотим с мудростью определять, следует ли решать вопрос напрямую и когда это делать, мы должны быть более рассудительными и много молиться.

УМЕНИЕ ДЕЙСТВОВАТЬ В ЗАВИСИМОСТИ ОТ СИТУАЦИИ

Давайте дадим определение терминам, которые мы употребляем, чтобы понять всю глубину их значения. «Терпение» — слово с глубоким смыслом. Его можно определить следующим образом: способность терпеть страдания; сохранять выдержку в ответ на провокацию или стресс; спокойно и безропотно переносить боль или испытания; проявлять стойкость, несмотря на противодействие, трудности или невзгоды [9]. Именно к этим прекрасным качествам нам нужно стремиться в жизни! С другой стороны, «обличение» — это встреча лицом к лицу; желание разобраться с чем-либо; предъявление кому-либо свидетельств в подтверждение вины с целью побудить собеседника признать свои недостатки и принять их возможные последствия [10]. Таким образом, наше терпение может выражаться в том, что мы решаем подождать, а не высказывать свое мнение или форсировать

9   *Merriam-Webster.com.* (2019). "patient." *Merriam-Webster.com.* https://www.merri-am-webster.com (дата обращения: 30.09.2019).
10 *Dictionary.com* (2019). "confrontation." *Dictionary.com* based on the Random House Unabridged Dictionary. 2019.

ситуацию в конкретный момент. Подводя итог сказанному о балансе между терпением и обличением, можно сделать следующий вывод: иногда лучше закрыть глаза на обиду и проявить милосердие и благодать к обидчику, а иногда самое время принять меры и решительно разобраться с грехом.

Изучая служение нашего Господа здесь, на земле, мы снова видим, что Он являет нам пример совершенной сбалансированности. Иисус Христос был последовательным в провозглашении чистой истины, которая сокрушала сердца. Он Сам есть Истина; никто никогда не учил так, как этот Человек (Ин. 14:6; 7:46). Христос смело противостоял фарисеям и религиозным лицемерам Своего времени, произнося в их адрес невероятно сильные слова осуждения (Мф. 23:1–36; Ин. 8:44). При этом никто никогда не был таким смиренным, добрым и милостивым, как Христос (Мф. 11:29). Мы вспоминаем Его кроткое отношение к женщине у колодца (Ин. 4:1–42). Мы видим во всех Евангелиях, как Христос исцеляет несметное множество больных и страждущих. Мы восхищаемся Его постоянным терпением в бесчисленных случаях общения со Своими учениками (Мф. 20:28; Мк. 9:33–37; 10:35–40; Ин. 21:15–19). Во многих местах Писания говорится о Его великом сострадании (Мф. 9:36; 14:14; 15:32; Мк. 6:34; 8:2; Лк. 7:13). В Иоанна 1:14 написано, что Христос был полон «благодати и истины», и мы неоднократно наблюдаем отражение этого баланса в Его служении.

ЧТО ЗНАЧИТ «ПОКРЫТЬ ГРЕХ»?

Как в Ветхом, так и в Новом Завете есть стихи, которые наиболее полно раскрывают смысл такого образа, как покрытие греха. На память приходит один хорошо известный отрывок, записанный в Псалме 31:1. Толкуя этот стих, Джон Мак-Артур поясняет значение слова «покрыть»:

> Говоря о Божьем прощении, 31-й Псалом уравнивает концепции прощения и покрытия грехов: «Блажен, кому отпущены беззакония, и чьи грехи покрыты!» (ст. 1). Это еврейский параллелизм, в котором используются два разных выражения для обозначения одной и той же концепции. Покрытие чего-либо греха и есть сущность прощения [11].

Мы также находим упоминание о покрытии грехов в Псалме 84:3. Псалмопевец здесь прославляет Бога: «Ты… простил беззаконие народа Твоего, покрыл все грехи его…» В Книге Притчей также встречается этот образ: «Ненависть возбуждает раздоры, но любовь покрывает все грехи» (Прит. 10:12). Толкователи Кейл и Делич объясняют значение этого стиха следующим образом:

> Любовь покрывает не только мелкие проступки, но и всякого рода серьезные грехи… прощая их, скрывая их, оправдывая их, если возможно, смягчающими обстоятельствами или сдерживая их еще до момента совершения. Все эти действия заключены в слове «покрыть» [12].

Итак, в Ветхом Завете идея покрытия грехов явно связана с прощением.

---

[11] Мак-Артур Джон. Свобода и сила прощения. Славянское Евангельское Общество, 2005. С. 127.

[12] Keil, C. F., and Delitzch, F. (2006). *Commentary on the Old Testament*, Vol. 6 (Peabody, MA: Hendrickson Publishers, Inc.). С. 181.

В Притчах 10:12 прослеживается еще одна мысль: тот, кто покрывает чужой грех, решает не «возбуждать» этот грех и не сообщать о нем другим, но молча страдает и переносит его [13].

Переходя к Новому Завету, мы находим аналогичную мысль у апостола Петра в его первом послании: «Более же всего имейте усердную любовь друг ко другу, потому что любовь покрывает множество грехов» (1 Пет. 4:8). Некоторые толкователи считают, что этот стих не является прямой цитатой из Притчей 10:12, хотя и очень похож на этот текст. Они полагают, что Петр просто употребляет здесь распространенное выражение, основанное на упомянутом выше стихе из Книги Притчей [14]. Какой бы ни была связь между этими стихами и как бы ни толковали этот текст исследователи, отрывок из 1 Петра имеет прямое отношение к теме нашего обсуждения:

> *Понятно, что истинная любовь по своей природе способна прощать оскорбления (ср. Прит. 10:12). Но толкователи расходятся в том, как понимать выражение «любовь покрывает множество грехов». Некоторые говорят, что оно указывает на Божью любовь, покрывающую грехи, а другие — что оно описывает верующих, которые, любя, не придают значения проступкам друг друга. Но, поскольку текст не объясняет*

13   Blum, E. A. (1981). *Expositor's Bible Commentary*, Vol. 12 (Grand Rapids, MI: Zondervan). С. 246.

14   Хиберт, Д. Э. (2023). *Первое послание Петра* (Благая весть, Самара). С. 353. Иаков употребляет практически те же слова в Иакова 5:20. Это дает богословам основание полагать, что эта притча, вероятно, была популярной в иудейско-христианском сообществе того времени [Kistemaker, S. J. (1995). *New Testament Commentary* (Grand Rapids, MI: Baker Books). С. 167.]

этого, лучше всего понимать эту фразу как аксиому. Божья любовь или человеческая — она покрывает грех [15].

Важно понимать, что мы можем «покрывать» грех двумя способами: мы либо прямо обличаем человека, либо решаем не замечать его грех. И в том, и в другом случае мы разбираемся с грехом, и, как мы увидим, в Писании для нас приводятся примеры обоих способов решения проблемы. Какой бы путь мы ни избрали в нашем стремлении «покрыть» грех в разных обстоятельствах, цель всегда одна — даровать прощение и добиваться примирения. Независимо от того, решаем ли мы не замечать грех или обличить его, нами движет любовь к человеку и заинтересованность в наивысшем благе для него. Опять же, мы должны молиться о мудрости, чтобы понять, как лучше отреагировать на ту или иную ситуацию, чтобы это принесло большее благо нашему собеседнику.

КОГДА ЛУЧШЕ НЕ ЗАМЕЧАТЬ ГРЕХ

В Библии есть ряд отрывков, согласно которым иногда нам разрешается не замечать совершенный против нас грех. В Притчах 19:11 говорится: «Благоразумие делает человека медленным на гнев, и слава для него — быть снисходительным к проступкам». Далее мы читаем: «Прикрывающий проступок ищет любви...» (Прит. 17:9). Мы уже упоминали 1 Петра 4:8. В учебной Библии Джона Мак-Артура

---

[15] Мак-Артур Джон. Толкование книг Нового Завета. 1 Петра. Славянское Евангельское Общество, 2013. С. 245.

в примечании к этому стиху указано, что «христиане должны не взыскивать за грехи, совершенные против них, а всегда быть готовыми простить оскорбление или обиду»[16]. Из Римлянам 3:23 более чем очевидно, что все мы грешники и все мы иногда ошибаемся. Поэтому особенно в отношении мелких или непреднамеренных проступков у нас по умолчанию всегда должна быть следующая установка — не замечать и прощать их. Поразмышляйте над тем, что говорится в 13-й главе 1 Коринфянам о любви «агапе»:

> Любовь долготерпит, милосердствует… не превозносится, не гордится… не ищет своего, не раздражается, не мыслит зла… все покрывает, всему верит, всего надеется, все переносит (13:4–5, 7).

Один из действенных способов проявить любовь к братьям и сестрам — это не упрекать их постоянно в малейших проступках. Если бы каждый раз, когда верующий оступается, мы созывали официальное собрание по этому поводу, в церковной жизни не осталось бы времени ни на что другое! Большую часть времени и мы бы только и делали, что разрешали конфликты между христианами. Ефесянам 4 призывает нас относиться друг к другу снисходительно и делать все возможное, чтобы сохранять единство и мир в наших межличностных отношениях «со всяким смиренномудрием и кротостью и долготерпением, снисходя друг ко другу любовью, стараясь сохранять единство духа в союзе мира» (4:2–3).

---

[16] Мак-Артур Джон. Учебная Библия. *Славянское Евангельское Общество*, 2005. С. 1698.

Какая у нас установка по умолчанию?

Как христиане мы должны иметь репутацию смиренных, добрых людей, которые терпеливо переносят проступки и недостатки других. Мы получили прощение от Христа, поэтому нашей первой реакцией на обиду должно быть прощение, а не раздражение или осуждение. В Римлянам 2:4 апостол напоминает нам: «...благость Божия ведет тебя к покаянию». Можно предположить, что Бог будет использовать нашу доброту для этой же цели в жизни других верующих. Поэтому мы должны стремиться к тому, чтобы обрести такое долготерпение. Псалом 118 раскрывает один из секретов сохранения спокойного и терпеливого духа: «Велик мир у любящих закон Твой, и нет им преткновения» (118:165). Чем больше мы наполняем наш разум и сердце Божьим Словом, тем меньше нас будут беспокоить или обижать действия окружающих нас людей.

Одинаковое положение

Еще одно качество, которое поможет нам развивать в себе терпение, — это четкое осознание собственной греховности и немощи. Оно побуждает нас сопереживать другим в их недостатках. Как можно быть резкими и раздражительным по отношению к другим, если мы искренне осознаем собственную непоследовательность? Мой отец умел прощать других и никогда не держал ни на кого зла. За всю свою жизнь я ни разу не слышала, чтобы он повысил голос. Я никогда не видела, чтобы он терял самообладание. У него была любимая поговорка, которую я много раз слышала в детстве: «Я не понимаю того, что делаю сам, не говоря уже о том, что делают другие!» Именно благодаря такому взгляду на ситуацию моемуотцуудавалосьпроявлятьнеобычайноетерпениеко всем, кто его окружал. Все мы время от времени говорим и делаемчто-тонепреднамеренноилинеобдуманно, апотом сожалеем об этом. Зачастую, оглядываясь назад, мы даже не понимаем, почему так поступили. Мой отец был бесконечно милостив к людям, потому что понимал, что всемыодинаковы: всегрешники, всеошибаемся. Мывсегда должнысстремитьсяпроявлятьтакоедолготерпениекдругим, какое надеемся увидеть по отношению к себе.

КОГДА ЛУЧШЕ ОБЛИЧИТЬ ГРЕХ

Итак, мы увидели, что бывают случаи, когда мы должны игнорироватьпроступкидругихипрощатьих, дажене сообщая об этом человеку. Однако в Писании есть ряд текстов, которые говорят, чтомыобязательнодолжныобличатьдругихвгрехе. СловаХриставЛуки17:3имеютформу прямогоповеления: «Еслижесогрешитпротивтебябрат твой, выговориему…»Подобнуюмысльмынаходимв Матфея 18: «Если же согрешит против тебя брат твой, пойди и обличи его между тобою и им одним…» (18:15). А в Римлянам 15:14 апостол Павел также признает, что христиане иногда должны «наставлять друг друга». Известный стих в Послании к Галатам гласит: «Если и впадет человек вкакоесогрешение, вы, духовные, исправляйтетакового вдухекротости…»(6:1). Интереснаядеталь: хотяэтотстих явноповелеваетнампротивостоятьгреху, Павелупотребляет здесь слово «исправить», а не «обличить». Это хорошееиактуальноенапоминаниеотом, чтоцельвсякого обличения—восстановление, а не нападение или осуждение. Эту мысль еще больше подкрепляет призыв Павла обличать других «в духе кротости».

Сострадание, а не осуждение

Притчи 28:23 — еще один любопытный стих, связанный с нашей темой: «Обличающий человека найдет после большую приязнь, нежели тот, кто льстит языком». Этот стих подчеркивает важную мысль: в долгосрочной перспективе «обличение» приносит больше пользы, чем «лесть» (то есть нежелание высказать уместное критическое замечание). Ключевое слово в этом стихе — «после». Обличение часто бывает неудобным либо болезненным в краткосрочной перспективе, но есть надежда, что по прошествии некоторого времени тот, с кем мы разговаривали, поймет, что в итоге это было ради его блага. Павел подчеркивает эту мысль в 2 Коринфянам 7:8–9, где он выражает радость по поводу того, что его суровые слова в письме в итоге вызвали у коринфян печаль ради Бога и сожаление о своем грехе.

В Псалме 50, великом псалме покаяния, Давид взывает: «Возврати мне радость спасения Твоего…» (50:14). Он не потерял спасение, но утратил радость от него. Это убедительное напоминание о том, что грех — мощная разрушительная сила. Грех разрушает радость; он разрушает общение; он разрушает отношения. Цена слишком высока. Таким образом, хотя мы знаем, что обличение сопряжено с риском, мы подвергнем себя намного большему риску, если не будем обличать грех.

Никогда не забывайте, что нашей целью всегда является восстановление и примирение. Всегда! В Матфея 18 наш

Господь ясно заявляет, что цель обличения — приобрести брата, а не причинить ему вред:

> *Если же согрешит против тебя брат твой, пойди и обличи его*
> *между тобою и им одним; если послушает тебя, то приобрел*
> *ты брата твоего (Мф. 18:15).*

У нас не должно быть мотива наказать или оттолкнуть другого верующего. Напротив, цель обличения — осторожно помочь согрешающему брату вернуться в общение с Господом и с другими верующими в теле Христовом.

Не путайте грех с вопросом предпочтений
В этой связи необходимо отметить еще одну важную мысль: к обличению мы прибегаем только в случае очевидного греха или оскорбительного поведения другой стороны. Мы находим в Библии ряд отрывков, которые предостерегают нас от явных грехов сердца и тела, и к ним следует относиться серьезно (Мк. 7:21–23; Рим. 13:13; 1 Кор. 6:9–10; Гал. 5:19–21; Еф. 4:29–31; 5:3–5; Кол. 3:5–8; 2 Тим. 3:2–5). Однако нам нужно убедиться, что у нас действительно есть веские библейские основания для того, чтобы обличать в грехе другого верующего. В Книге Притчей содержится важное напоминание о том, что нужно убедиться, что у нас есть все доказательства, прежде чем высказывать претензию: «Кто дает ответ не выслушав, тот глуп, и стыд ему» (18:13). Также помните, что мы не обличаем людей по поводу их альтернативного мнения по небиблейским вопросам, о чем мы говорили ранее в главе 3. В таких ситуациях мы, безусловно, можем вести диалог о наших различных точках зрения,

но крайне важно научиться уважать убеждения и предпочтения тех, чей взгляд отличается от нашего. Наконец, мы должны понимать, что, хотя мелкие или непреднамеренные проступки иногда можно не замечать, в итоге они же могут потребовать обличения, если станут тревожным признаком и закономерностью в поведении.

Уберите бревно из глаза!

Наконец, если мы тщательно проанализировали ситуацию и пришли к выводу, что с проступком необходимо разобраться, очень важно прежде всего оценить самих себя. Мы должны смиренно исследовать свою жизнь и убедиться, что нам не нужно удалять никаких «бревен» из собственного глаза:

> И что ты смотришь на сучок в глазе брата твоего, а бревна в твоем глазе не чувствуешь? Или как скажешь брату твоему: «дай, я выну сучок из глаза твоего», а вот, в твоем глазе бревно? Лицемер! вынь прежде бревно из твоего глаза и тогда увидишь, [как] вынуть сучок из глаза брата твоего (Мф. 7:3–5).

В процессе самоанализа мы также должны оценивать свои мотивы, чтобы убедиться, что они не эгоистичны. Нам нужно удостовериться, что мы обличаем человека не из-за личного раздражения или досады. Напротив, нами должна руководить любовь ко Христу и искренняя любовь и забота о нашем брате или сестре. Эту истину невозможно переоценить: если вы хотите «приобрести» брата, вы должны культивировать в своем сердце правильное отношение к ситуации. Прежде всего, мы молимся о Божьей мудрости и просим Бога направлять нас на каждом этапе этого процесса.

Библейское обличение

Как только мы приходим к выводу, что ситуация требует обличения, мы начинаем действовать в духе, предписанном в Галатам 6:1: мы подходим к брату или сестре во Христе со смирением, наедине и с молитвой. Затем задаем необходимые вопросы, чтобы убедиться, что мы правильно оцениваем ситуацию (Прит. 18:13). Мы с кротостью рассказываем брату или сестре о своих опасениях. Возможно, мы захотим показать им, как их грех бесчестит Господа и может привести к серьезным последствиям в их жизни и жизни других людей. Затем мы молимся вместе с ними и за них, а также с благодатью призываем их к покаянию.

Будем надеяться, что ваш брат или сестра примет исправление, высказанное с любовью, и признает свой грех. Однако, если человек сопротивляется, мы должны следовать принципам из Матфея 18 — взять с собой еще двух или трех человек, чтобы проверить информацию и еще раз со смирением призвать человека к покаянию. Если согрешающий по-прежнему отказывается слушать, руководство церкви должно перейти к следующему шагу — вынести этот вопрос на обсуждение церкви. Если даже в этом случае брат или сестра никак не реагируют, согласно 18-й главе Евангелия от Матфея мы должны отлучить нераскаявшегося грешника от церкви, продолжая молиться о сокрушении его сердца и сожалении о грехе.

Опять же, важно понимать, что церковная дисциплина, порядок применения которой описан в Матфея 18, служит для исправления грешника, а не для его наказания. Помимо поддержания чистоты церкви, целью дисциплины всегда является полное восстановление члена церкви.

Принятие исправления от других

В Библии также есть слово и для нас на случай, если когда-нибудь мы сами подвергнемся исправлению. В Притчах 27:17 говорится: «Железо железо острит, и человек изощряет взгляд друга своего». Чтобы быть острым инструментом в руках Бога, мы должны быть достаточно смиренными! Мужчина или женщина, которые глубоко осознают собственную греховность, открыты к научению. Если их обличат в грехе, они не будут защищаться или мстить, а будут честно исследовать себя, чтобы увидеть, действительно ли они согрешили.

Такой человек описан в Книге Притчей:

> *Кто хранит наставление, тот на пути к жизни; а отвергающий обличение — блуждает (10:17).*

> *Не укоряй кощунника, чтобы он не возненавидел тебя; обличай мудрого, и он возлюбит тебя (9:8).*

> *Ухо, внимательное к учению жизни, пребывает между мудрыми (15:31).*

Одна из главных характеристик мудреца — его смирение, а один из самых верных признаков смирения — способность к обучению. Обучаемый человек знает, как принимать наставление, и извлекает из него урок, что помогает ему становиться только мудрее (Прит. 9:9).

Но человек гордый назван «кощунником» и является необучаемым. Мы никогда не должны допускать такого отношения в своем сердце.

А КАК ЖЕ НЕВЕРУЮЩИЕ?

В рамках нашего обсуждения мы говорили в основном о наших взаимоотношениях с другими верующими. Однако в жизни могут возникать случаи, когда нам приходится смело говорить правду тем, кто не принадлежит Христу. В Послании Иакова мы находим убедительный отрывок, который напоминает нам о том, насколько важно не пренебрегать необходимостью обличать неверующих. В этом отрывке мы снова встречаемся с важной концепцией покрытия грехов.

> *Братия! если кто из вас уклонится от истины, и обратит кто его, пусть тот знает, что обративший грешника от ложного пути его спасет душу от смерти и покроет множество грехов (Иак. 5:19—20).*

Хотя большая часть Послания Иакова адресована христианам-евреям, здесь, в последней главе, апостол упоминает о невозрожденных и завершает ее этими отрезвляющими стихами. В контексте речь идет о некотором человеке из среды верующих («из вас»), который, по крайней мере внешне, отождествлял себя с церковью, но «уклонился от истины». Теперь его необходимо обратить от ложного пути. Дэниэл Бердик истолковывает этот отрывок следующим образом:

> *Поскольку Писание учит, что, однажды пережив возрождение, человек уже никогда не погибнет, можно предположить, что этот гипотетический заблудившийся верующий не является истинно верующим. Он тот, кто находился среди верующих*

и исповедовал веру, но его исповедание было поверхностным. Привести его к подлинной вере в истину — значит спасти его душу от вечной смерти. В результате возвращения заблудшего будут покрыты «многие грехи» [17].

Служение примирения

Самое поразительное во всем этом — то, что Бог позволяет нам участвовать в этом служении! Эту мысль мы видим не только в Иакова 5: в 2 Коринфянам 5:18–20 мы читаем, что Бог дал нам «служение примирения». Говоря об этих возможностях для благовестия, Джон Мак-Артур напоминает нам:

> *Бог даровал всем верующим служение примирения погибающих душ с Самим Собой. Если факты указывают на то, что у человека, называющего себя христианином, нет подлинной веры, настоящие христиане, зная об ужасной угрозе вечной смерти, с которой сталкивается этот человек, должны поставить перед собой цель обратить его от греха к истинной спасительной вере в Бога [18].*

И все же мы никогда не должны забывать, что спасение — это целиком дело Бога! Толкуя эти стихи из Иакова 5, Кент Хьюз отмечает: «Какой благословенный подвиг совершается тогда, когда грешника отвращают от его заблуждения. Это делает только Бог. Но Он совершает это дело через

[17] Burdick, D. W. (1981). *Expositor's Bible Commentary*, Vol. 12 (Grand Rapids, MI: Zondervan). C. 205.

[18] Мак-Артур Джон. Свобода и сила прощения. Славянское Евангельское Общество, 2005.

людей, которые любят Его и любят других»[19]. Кистемейкер также подчеркивает эту мысль: «Таким образом, спасение есть и остается делом Бога. Мы всего лишь соработники у Бога»[20].

Насколько же нас должно смирять осознание того, что Бог может каким-либо образом использовать наше обличение с любовью, наше желание предостеречь от опасности, чтобы «обратить грешника» от заблуждения и спасти его от последствий греха. Грех ведет к смерти, поэтому мы всегда должны думать о духовном благе человека.

Когда вам приходится обличать неверующего, никогда не забывайте одну важную истину: невозрожденный человек не способен по-настоящему победить грех без силы обитающего в нем Святого Духа. Поэтому, когда мы сталкиваемся с грехом неверующего, мы призываем его уверовать, покаяться и подчиниться господству Иисуса Христа. В то же время мы молимся о том, чтобы Дух совершил в жизни таких людей спасительное действие, которое может совершить только Он.

ВОПРОСЫ ДЛЯ ОЦЕНКИ СИТУАЦИИ

Общая картина

Подводя итог, можно сказать, что, сталкиваясь с проблемами греха в жизни другого верующего, мы можем либо не обращать на них внимания, либо обличать грех. Вот несколько основных вопросов, которые помогут нам сделать

---

[19] Hughes, R. K. (1991). *James: Faith That Works* (Wheaton, IL: Crossway Books). C. 277.
[20] Kistemaker, S. J. (1995). *New Testament Commentary: Exposition of James, Epistles of John, Peter, and Jude* (Grand Rapids, MI: Baker Books). C. 184.

правильный выбор. Это единичный проступок, или же это закономерность в его жизни? Было ли это действие преднамеренным или непреднамеренным? Раскаивается ли человек в своем грехе и готов ли он признаться в содеянном? Несет ли он ответственность за свои действия или часто перекладывает вину на других? Если мы ответим для себя на эти вопросы, мы сможем действовать мудро.

Влияние на других

Необходимо также задать себе ряд дополнительных вопросов, которые непосредственно относятся к сфере межличностных отношений. Какой вред грех наносит самому человеку и как влияет на других людей в его жизни? К сожалению, грех всегда затрагивает не только самого грешника, но может также иметь серьезные последствия для самых близких ему людей. Хотя мы понимаем, что своим грехом в первую очередь оскорбляем святого Бога (Пс. 50:6), мы можем причинять большой вред другим людям. Несмотря на то, что существуют разные точки зрения по поводу точного значения терминов «прощение» и «примирение», а также применения этих истин в нашей практической жизни[21], эти две концепции являются важными целями, к которым мы должны стремиться, если хотим сохранить мир в отношениях с другими. Когда в своем грехе верующий человек отказывается прощать другого человека и искать с ним примирения, это влияет не только на его отношения с людьми, но и серьезно сказывается на его отношениях с Господом,

---

21 Более подробное описание значения и коннотаций этих слов вы найдете в следующем источнике: Мак-Артур Джон. Свобода и сила прощения. Глава 6. Славянское Евангельское Общество, 2005.

чтогораздоважнее (Пс. 65:18; Прит. 28:9). Матфея 5:23–24 напоминает нам о необходимости наладить испорченные отношения, прежде чем мы сможем должным образом поклоняться Богу с чистой совестью.

Кроме того, Писание учит нас, что в случае разрыва отношений обе стороны обязаны стремиться к примирению:

> *Если вы обиженная сторона, к вам применим текст Луки 17:3: «Если же согрешит против тебя брат твой, выговори ему…» Вы должны идти к нему. Если вы обидчик, к вам применим текст Матфея 5:23–24: «Итак, если ты принесешь дар твой к жертвеннику и там вспомнишь, что брат твой имеет что-нибудь против тебя, оставь там дар твой пред жертвенником, и пойди прежде примирись с братом твоим»[22].*

В Римлянам 12:18 подтверждается мысль о том, что, к сожалению, примирение с другим человеком не всегда может быть достижимо: «Если возможно с вашей стороны, живите в мире со всеми» (НРП). Проще говоря, мы должны делать все, что в наших силах, чтобы быть в мире с другими.

Отношение вопроса к Христу и Церкви

Возвращаясь к нашему разговору о том, что есть время замечать обиды и время обличать грешника, следует отметить, что в таких ситуациях не менее важно задавать себе другие вопросы, касающиеся христианского учения и Церкви. Выставляет ли согрешивший брат имя Христа в ложном свете? Бесчестит ли он имя Христа? Угрожает ли его грех библейскому учению? В Послании к Титу ясно предписано,

---

[22] Там же. С. 139.

что мы должны обличать тех, кто противится здравому учению (1:9). Отрицает ли этот человек истину Евангелия или учение, вытекающее из него? В Послании к Галатам Павел откровенно рассказывает о том, как он публично укорил Петра в его лицемерии в присутствии верующих из язычников. Во второй главе послания Павел объясняет, что он должен был обличить Петра, потому что тот «не прямо поступал по истине Евангельской» (2:14). И последний вопрос: является ли этот грех настолько серьезным (1 Кор. 5:1–5), что он разрушает свидетельство церкви? Ответив на все эти вопросы, мы сможем понять, как нам лучше отреагировать на ситуацию.

НЕПРАВИЛЬНЫЙ СТРАХ

Итак, как нам определить, что мы впали в одну или другую крайность в этой сфере нашей жизни? Когда мы проявляем чрезмерное терпение, нас можно обвинить в том, что мы отказываемся говорить истину другим и никогда не разбираемся с грехами, с которыми нужно бороться. Обычно это указывает на то, что у нас есть, говоря библейским языком, «страх перед людьми». Мы находим описание этого греха в Притчах 29:25: «Боязнь пред людьми ставит сеть, а надеющийся на Господа будет безопасен». Если мы испытываем страх перед людьми, то мы, по сути, заботимся больше о том, что думают о нас люди, чем о том, что думает о нас Бог. Мы боимся того, что у нас может быть плохая репутация в глазах других людей и что нас могут обозвать законниками или обвинить в осуждении других. Мы боимся обидеть человека и нарушить или утратить отношения с ним. Нас могут беспокоить всевозможные отрицательные последствия, которые могут возникнуть в результате того, что мы высказали другому человеку суровую правду, которую ему нужно было услышать. Итак, страх перед людьми может выявить в нас недостаток любви к другим людям, ведь истинная любовь всегда будет действовать в интересах других, независимо от того, чего это может стоить нам лично. Благополучие другого человека является для нас наивысшим приоритетом, даже если оно требует жертв с нашей стороны.

Настоящая любовь

Не забывайте о том, что бывают случаи, когда самым действенным и наивысшим проявлением любви к человеку с нашей стороны будет сказать ему правду. В Ефесянам 4:25 мы находим следующее увещевание: «Посему, отвергнув ложь, говорите истину каждый ближнему своему, потому что мы члены друг другу». Неправильно скрывать истину от того, кто в ней так сильно нуждается! Когда грех человека бесчестит Господа или причиняет вред ему лично и всем окружающим, молчать непростительно. Необузданный грех в конце концов приведет человека к кораблекрушению в вере. Если мы любим этого человека, как мы можем наблюдать за происходящим и ничего не говорить?

КОЛКОЕ ОБЛИЧЕНИЕ

С другой стороны, мы знаем, что можно оказаться неправым и в своем обличении. Если вы всегда стремитесь говорить истину (но не смягчаете ее благодатью) и исправлять каждую ошибку и промах, которые вы замечаете у других, это может быть признаком гордости и осуждения в сердце. К сожалению, есть христиане, которые ошибочно считают, что существует духовный дар обличения и что их «служение» состоит в том, чтобы обличать всех в церкви в грехах — больших или мелких! Если вы взрастили в себе такой немилосердный, излишне критический дух, вы оттолкнете своих сестер и братьев во Христе и, возможно, столкнетесь с большими трудностями в построении отношений с членами церкви. Вы же не хотите, чтобы люди бежали прочь от вас, когда видят, что вы приближаетесь?! Если такой дух осуждения регулярно проявляется в браке, это особенно серьезная проблема, которая может привести к катастрофическим последствиям в отношениях.

Есть и другие верующие, которые, хотя и не идут на открытую конфронтацию, все же часто не проявляют достаточно благодати и доброты в общении с другими. Такое поведение может привести к тому, что мы будем часто сталкиваться с недоразумениями и обидами. Если вам постоянно приходится возвращаться к обсуждению проблемы и налаживать нарушенные отношения с людьми (как верующими, так и неверующими), возможно, вам следует хорошенько проанализировать свой стиль общения.

Ключевые моменты, на которые стоит обратить внимание, — это не только ваши слова, но также тон и громкость вашего голоса. Кроме того, обратите внимание на невербальные составляющие общения — зрительный контакт, выражение лица и жесты. Привлекают ли они к вам людей или, наоборот, отталкивают?

КРАЙНОСТИ

Подводяитог,мыдолжнызадатьсебевопрос:какотража-
етсянанашейжизнивцеломнеспособностьдостичьбалан-
самеждутерпениемиобличением?Начтообратитьвни-
мание?Есливыникогданепротивостоитегрехуислишком
сосредоточенынатерпении,выможетестолкнутьсясосле-
дующими проблемами:

- страх перед людьми;
- страхпотерятьрепутациюилииспортитьотношения;
- недостаток жертвенной любви к другим.

Еслижевытяготеетеккрайностипостоянногообличения
других,ввашейжизнимогутпроявлятьсяследующиепри-
знаки:

- гордость (осуждение);
- критический, немилосердный дух;
- трудности в построении и поддержании отношений.

Всегдаследуетпомнитьважныйпринцип:когдаделокаса-
етсяотношенийсбратьямиисестрамивоХристе,всегда
большебеспокойтесьосвоихсобственныхгрехах,чемогре-
хахвсехостальных.Таквызащититесебяиприблизитесь
кбалансумеждутерпениемиобличением.Никогданевсту-
пайтесдругимивконфликт,еслинеборетесьссобствен-
нымнедостатками.Будьтеготовыпроститьлюбыеобиды,
которые причинили вам другие (Пс. 85:5). Не обращайте
вниманиянатегрехи,скоторымиможномириться,нопри

этом смело и с любовью обличайте грехи, с которыми вы мириться не должны.

Для личного размышления и применения

ГЛАВА 4. ТЕРПЕНИЕ И ОБЛИЧЕНИЕ

1. Когда уместно не замечать грех другого верующего (Прит. 19:11; Еф. 4:32)? Какие факторы мы должны учитывать? Означает ли это, что мы потворствуем греху?

2. Приведите примеры факторов, которые могут привести к нежеланию разбираться с грехом в отношениях (Прит. 29:25).

3. Чему учил Христос в отношении прощения грехов других людей (Матф. 18:21−22)?

4. Как, согласно Притчам 27:5−6 и 28:23, мы должны обличать брата или сестру во Христе? Какая у нас должна быть мотивация, когда мы противостоим греху?

5. Что, по словам Павла в Римлянам 15:14, дает право одному верующему увещевать другого? Что является необходимым условием конфронтации (Мф. 7:3−5)?

6. Какие предостережения Писание дает тому, кто собрался обличать другого верующего (Гал. 6:1−2)? Какова цель любого обличения?

И увидел Бог все, что Он создал, и вот, хорошо весьма.

Бытие 1:31

Хорошо наблюдай за скотом твоим, имей попечение о стадах…

Притчи 27:23

Она наблюдает за хозяйством в доме своем и не ест хлеба праздности.

Притчи 31:27

И когда пойду и приготовлю вам место, приду опять и возьму вас к Себе…

Иоанна 14:3

…О горнем помышляйте…

Колоссянам 3:2

Наше же жительство — на небесах…

Филиппийцам 3:20

ГЛАВА 5

ВРЕМЕННОЕ И ВЕЧНОЕ

Мы все понимаем, что значит «качество», когда речь идет о материальных вещах в этом мире. Мы ожидаем, что продуманные и качественно сделанные вещи прослужат намного дольше, чем те, которые таковыми не являются. Пару обуви из кожи высочайшего качества можно носить гораздо дольше пары дешевых сандалий, которые вскоре придут в полную негодность. Кроме того, товары более высокого качества обычно стоят дороже, чем продукты, изготовленные из низкокачественных материалов, поэтому поговорка «вы получаете то, за что платите» довольно точно описывает реальное положение вещей. О чем бы мы ни говорили — об одежде, обуви, мебели, автомобилях или домах, — этот принцип остается верным. Некоторые вещи просто более ценны, чем другие.

Что касается определения ценности и качества предмета, мы также можем ошибаться или заблуждаться относительно его истинной природы. Есть настоящее золото, а есть железный колчедан, обычно называемый «золотом дураков». Есть настоящие деньги, а есть фальшивые. Есть натуральная кожа, а есть кожзаменитель. На протяжении веков мошенники подделывали многие шедевры искусства и успешно выдавали их за подлинники. В таких случаях подделка может быть настолько похожей на оригинал, что только специалисты смогут определить различие. Можно бесконечно перечислять вещи, которые часто подделываются: дизайнерская одежда, часы, сумки, солнцезащитные очки и множество других потребительских товаров. В этом мире есть множество предметов, которые претендуют на ценность, хотя на самом деле представляют собой всего лишь относительно бесполезные подделки.

Однако неважно, качественная это вещь или некачественная, дорогая или недорогая, настоящая или поддельная, у всех материальных предметов есть одна общая черта: они принадлежат к этому земному царству и однажды исчезнут. Но между явлениями этого мира есть и другое отличие, которое гораздо важнее, чем простое различие между ценным и бесполезным. Это неизмеримая разница между тем, что принадлежит к этому временному миру, и тем, что принадлежит к совершенно другому царству, вечному. Мы регулярно сталкиваемся с необходимостью соблюдать надлежащий баланс между временным и вечным. Это также можно назвать конфликтом между земным и небесным. Практически все в нашей жизни относится к одной из этих двух категорий.

ПОВЕСТЬ О ДВУХ ЦАРСТВАХ

«Временный» определяется как «существующий в пределах какого-либо времени или относящийся к какому-либо времени; относящийся или принадлежащий к настоящей жизни или этому миру, мирской»[23]. К этой категории стоит отнести все, что составляет наше земное существование: наши отношения, профессия, способности и таланты, увлечения и интересы, наши функции и обязанности как жителей этого мира. Временное также включает в себя огромное количество вещей, которые мы воспринимаем с помощью наших пяти чувств. Все, с чем мы сталкиваемся в этом мире, относится к ограниченной сфере временного.

Вечное, напротив, представляет собой совершенно иное царство, полностью свободное от ограничений времени. Это сфера Божьего Царства. К вечному относится все, что мы не можем постичь посредством органов чувств обычным способом, которым взаимодействуем с материальными вещами в этом мире. Наша вера остается невидимой для нас, хотя мы часто наблюдаем, как она проявляется на практике. Мы не можем физически прикоснуться к Богу, хотя повсюду находим доказательства Его существования. Наша вера в Бога, наши отношения с Ним и вся наша духовная жизнь естественным образом покоятся на незыблемом вечном основании. Термин «вечный» довольно удобен для нас, верующих, потому что его определение, которое мы находим в словаре, перекликается со многими знакомыми идеями и понятиями из Писания: «не имеющий начала и конца; пребывающий вечно; вечно сущий; бессмертный; бесконечный; непреходящий; неизменный»[24]. Все, что связано с нашей верой, коренится в великой истине, что Бог и Его Слово не временны, но вечны.

---

[23]   Dictionary.com. (2019). "temporal." *Dictionary.com based on the Random House Unabridged Dictionary.* https://www.dictionary.com (дата обращения: 05.10.2019).
[24]   Там же, "eternal".

Видимое и невидимое

ВБиблиимынаходимсвоеобразноепоэтическоеописание различиямеждупонятиями «временное» и «вечное», которое часто поясняется при помощи понятий «видимое» и «невидимое». Пожалуй, самое четкое пояснение этого различия можно найти в 2 Коринфянам 4:17–18, где апостол Павел касается проблемы страданий:

> *Ибо кратковременное легкое страдание наше производит в безмерном преизбытке вечную славу, когда мы смотрим не на видимое, но на невидимое: ибо видимое временно, а невидимое вечно.*

Вэтихстихах Павел недвусмысленно заявляет,чтовсе,что мы видим,временно.Новечное,котороедействительно значимо, — это как раз то,что мы, как это ни парадоксально, не можем увидеть своими физическими глазами.

Этопротивопоставлениевидимогоиневидимоговстречается в Новом Завете несколько раз. Евреям 11 — классическая иллюстрация этой темы. В этой главе, где перечислены «герои веры», упоминается несколько библейских персонажей, которые продемонстрировали веру в Бога своей уверенностью и послушанием. «Видение невидимого» всегда связано с верой, о чем ясно говорится в этой главе. Она начинается со слов: «Вера же есть осуществление ожидаемого и уверенность в невидимом» (11:1). Затем, в стихе 7, мы читаем: «Верою Ной, получив откровение о том, что еще не было видимо, благоговея, приготовил ковчег… ею [верою]… он… сделался наследником праведности по вере». Далее, в стихах 13–16, а также в стихе 39 автор напоминает нам, что эти святые, жившие в древние времена, так и не получили при жизни того, что Бог пообещал им. Они прекрасно понимали, что этот временный мир не их родина. Они знали, что существует нечто большее. Поэтому герои веры искали лучшего, небесного отечества. Стих 13 поясняет, что, будучи странниками и пришельцами на земле, они «умерли в вере, не получив обетований, а только издали видели оные, и радовались…» Другими словами, герои веры действительно видели духовными очами то, чего не могли видеть физическими. Последнее упоминание об этой сверхъестественной способности видеть невидимое в Евреям 11 связано с личностью Моисея и записано в стихе 27: «Верою оставил он Египет, не убоявшись гнева царского, ибо он, как бы видя Невидимого, был тверд».

Мы также находим этот мотив в других местах Писания. В Иова 19:25—27 мы видим, как Иов начинает возводить очи своего сердца к небу, когда говорит о своей вере в воскресение и желании увидеть Искупителя. В конце концов мы подходим к главе 42, где Иов говорит удивительные слова о том, какое благо принесли все его невыразимые страдания:

> 99 *Я слышал о Тебе слухом уха; теперь же мои глаза видят Тебя; поэтому я отрекаюсь и раскаиваюсь в прахе и пепле (42:5—6).*

Испытания Иова помогли ему познать и понять Господа — да и самого себя — гораздо глубже. Другими словами, он увидел характер и цели Бога в таком свете, в каком не видел их никогда раньше. Это духовное зрение поистине сверхъестественное, и его может даровать нам только наш Небесный Отец.

Цена духовного зрения

Ещё один пример способности видеть невидимое мы находим в повествовании о смерти Стефана, который был одним из семи честных мужей, избранных ранней церковью. Библия характеризует его в Деяниях как «мужа, исполненного веры и Духа Святого», и говорит, что его противники «не могли противостоять мудрости и Духу, Которым он говорил» (6:5, 10). Они привлекли лжесвидетелей, чтобы обвинить Стефана. Он предстал перед синедрионом, где мастерски изложил суть истории Израиля, а затем смело провозгласил Евангелие (6:11–7:50). В конце своей речи Стефан обвинил слушающих в том, что они предатели и убийцы, распявшие Праведника, как и их отцы, убивавшие пророков. Это привело их в ярость (7:51–54). Но последней каплей для них стало его пылкое заявление в стихе 55 о том, что он видит невидимое:

> *Стефан же, будучи исполнен Духа Святого, воззрев на небо, увидел славу Божию и Иисуса, стоящего одесную Бога, и сказал: вот, я вижу небеса отверстые и Сына Человеческого, стоящего одесную Бога (7:55–56).*

Из-за своего упрямого неверия фарисеи стали «слепыми вождями слепых» (Мф. 15:14). У них не было духовного зрения; у них не было способности видеть то, что видел Стефан. Его слова привели их в ярость. То, что он сказал, было правдой, но фарисеи сочли это богохульством. Затем разъяренная толпа выволокла его из города и побила камнями до смерти. В это время он с состраданием молился за своих убийц, подобно Христу на кресте. В тот день, благодаря своей безбоязненной проповеди Евангелия и свидетельству о том, что он видел, Стефан вошел в историю как самый первый христианин, принявший мученическую смерть за свою веру.

Нужда в том, чтобы видеть

Мы должны понимать, что, будучи Божьими детьми, в которых обитает Святой Дух, мы имеем драгоценный дар — дар духовного зрения, которое позволяет нам видеть невидимое. И все же, поскольку мы остаемся в физическом теле, эта способность не является нашей естественной склонностью. Мы стремимся испытывать наслаждение от того, что видим и осязаем при помощи физических органов чувств. Пример тому мы находим в Иоанна 20:24–29. Когда после Своего воскресения Христос впервые явился Своим ученикам, одного из двенадцати учеников, Фомы, не было. Когда другие ученики сказали ему, что видели воскресшего Господа, вот что он ответил им (ст. 25): «Но он сказал им: если не увижу на руках Его ран от гвоздей, и не вложу перста моего в раны от гвоздей, и не вложу руки моей в ребра Его, не поверю».

История Фомы — прекрасная иллюстрация нашей человеческой потребности видеть и осязать физически. Спустя восемь дней Господь снова явился Своим ученикам, и на этот раз с ними был Фома. Иисус не стал упрекать его в неверии, но милостиво предложил Фоме посмотреть на следы от гвоздей на Его руках и прикоснуться к Его ребрам. В ответ Фома в порыве чувств воскликнул: «Господь мой и Бог мой!» (ст. 28). А что ему ответил Иисус в стихе 29? «Ты поверил, потому что увидел Меня; блаженны невидевшие и уверовавшие».

Какое ободрение знать, что Сам Господь благословил всех нас, уверовавших в невидимое на протяжении многих веков после Его воскресения. Более того, какая радость быть уверенными в том, что однажды мы Его увидим! В 1 Послании Иоанна написано, что, когда Он явится, мы будем подобны Ему и, что самое восхитительное, «увидим Его, как Он есть» (3:2). Каким неизреченно славным будет день, когда мы наконец увидим лицо Спасителя, Которого так долго любили! И, вообще, можно ли представить себе, как это будет?

Надежда на невидимое

Однако, пока не наступил этот день, мы остаемся детьми невидимого. Мы люди, которые «ходят верою, а не ви́дением» (2 Кор. 5:7). Мы живем в свете реальности, которая уже наступила, но еще не полностью, как говорят богословы. Более того, пока мы совершаем наше паломничество в этой временной жизни, надежда на возвращение Господа и вечность на небесах является главным элементом нашей веры. В Римлянам 8:24—25 поясняется, почему надежда так тесно связана с верой: «Надежда же, когда видит, не есть надежда; ибо если кто видит, то чего ему и надеяться? Но когда надеемся того, чего не видим, тогда ожидаем в терпении».

Поскольку согласно 11-й главе Послания к Евреям мы странники и пришельцы в этом мире, и многое еще остается для нас невидимым, христианину необходима надежда. Мы также должны помнить, что надежда, о которой говорит Писание, совершенно отличается от надежды, которую предлагает мир и которая часто сопряжена с неуверенностью и сомнением. Но библейская надежда коренится в характере неизменного, верного Бога. Кроме того, апостол Петр поясняет в своем первом послании, что, поскольку Бог хранит нас во Христе и мы обрели спасение наших душ, «невидение» не умаляет нашей любви к Спасителю: оно просто побуждает нас еще больше ожидать дня, когда наша вера станет видением.

> *…Которого [Христа], не видев, любите, и Которого доселе не видя, но веруя в Него, радуетесь радостью неизреченною и преславною, достигая наконец верою вашею спасения душ (1:8–9).*

Элизабет Эллиот в книге «Страдания никогда не бывают напрасны» вскользь касается этой таинственной взаимосвязи видимого и невидимого:

> *Речь идет о двух разных уровнях, на которых следует понимать такие вещи. Писание то и дело поражает нас кажущимися парадоксами — это происходит потому, что мы говорим о двух разных царствах: о зримом и осязаемом мире, в котором мы живем, и о невидимом Царстве, в свете которого факты этого мира получают свое истолкование… Это кажется невероятным? Но только до тех пор, пока вы не осознаете, что существуют два царства — царство мира сего и царство невидимого мира[25].*

ПЕРЕСЕКАЮЩИЕСЯ МИРЫ

Прежде чем мы продолжим, следует отметить, что некоторые вещи в этом мире одновременно могут находиться как во временном, так и в вечном царстве. Эти явления

---

[25] Эллиот, Э. (2021). *Страдания никогда не бывают напрасны* (Одесса, Тюльпан). С. 30–31.

относятся к обеим категориям и обладают характеристиками и того, и другого измерения. Они существуют на этой земле в нынешнее время, но не исчезнут вместе с землей. Один из примеров таких вещей — Божье Слово. Наши Библии действительно существуют в этом мире в физической форме. Мы можем держать их в руках и читать богодухновенные слова, напечатанные на листах бумаги. Кроме того, поскольку наши физические Библии являются частью материального мира, их можно повредить, потерять или даже уничтожить. Однако мы знаем, что Божье Слово по своей сущности является вечным и никогда не будет уничтожено! Пророк Исаия говорит нам, что оно пребудет вечно (Ис. 40:8). В Марка 13:31 Христос заверяет нас, что даже если не бо и земля прейдут, Его слова (которые многие люди также слышали физически во время Его земного служения) вечны и не прейдут.

Подобным образом и люди, будучи созданными по образу Бога, также несут на себе отчетливый отпечаток временного и вечного. В повествовании о сотворении в первой главе Бытия мы находим следующий монументальный стих: «И сотворил Бог человека по образу Своему, по образу Божию сотворил его; мужчину и женщину сотворил их» (1:27). И поскольку только мы являемся носителями Его образа, Он сделал нас вечными существами, совершенно уникальными, не похожими ни на одно другое творение. Кроме того, из Екклесиаста 3:11 мы узнаем, что Бог «вложил осознание вечности в сердца людей» (НПР). Это объясняет, почему в наших душах есть такое сильное стремление к вечному. Что значит быть сотворенным по образу нашего Творца? Это настолько глубокая и неисчерпаемая тема, что мы не можем разобрать ее в этой книге даже поверхностно. Мы просто рассмотрим несколько главных выводов из этой основополагающей истины и ее взаимосвязь с правильным балансом между временным и вечным.

Сотворенные по Его образу

Во-первых, тот факт, что человек является носителем Божьего образа, означает, что мужчины и женщины обладают особым достоинством, которого нет ни у животных, ни даже у ангелов. Есть животные, которые намного крупнее и сильнее людей, но они не сотворены по образу Божьему. Уэйн Грудем объясняет эту концепцию следующим образом:

> *Возможно, мы будем очень удивлены, когда осознаем, что Творец мира, решив создать нечто «по Своему подобию», нечто в большей степени похожее на Него, чем все остальное творение, создал нас. Размышление о совершенстве всего прочего творения дает нам глубокое чувство достоинства и значимости… Мы — вершина бесконечно мудрого и искусного Божьего труда творения. Несмотря на то, что грех сильно исказил наше богоподобие, мы, тем не менее, и сейчас в значительной степени отражаем его и будем отражать в еще большем объеме по мере возрастания в подобии Христу [26].*

Еще одна привилегия, которой обладает человек благодаря тому, что он является носителем Божьего образа, — это господство и власть над остальным творением (Быт. 1:26–28;

---

[26] Грудем Уэйн. Систематическое богословие. Введение в библейское учение. СПб.: Мирт, 2010. С. 508.

Пс. 8:6—8). Очевидно, что вся власть принадлежит Богу, но в Своей суверенной премудрости Он решил делегировать часть этой власти людям. В-третьих, сотворение человека по образу Бога означает, что мужчины и женщины — разумные существа, вследствие чего они способны мыслить и рассуждать на уровне, отличном от инстинктивного уровня животных и намного превосходящем. В-четвертых, люди также являются нравственными существами, ответственными перед их Творцом Богом и наделенными врожденным чувством различения добра и зла.

И наконец самое значимое следствие сотворения мужчины и женщины по образу Бога — это тот факт, что они являются духовными существами. Луи Беркхоф делает следующее наблюдение:

> *Еще одной составной частью, которую обычно приписывают образу Божьему, является духовность. Бог есть дух, и вполне естественно, что такой элемент Божьего образа, как духовность, есть в человеке… Бог «вдохнул в лицо его дыхание жизни, и стал человек душою живою» (Быт. 2:7). <…> В связи с этим мы можем назвать человека существом духовным…* [27]

Уникальные отношения

Тот факт, что мы духовные существа, имеет огромное значение для нашей жизни как сейчас, так и в вечности. Это особый аспект бытия человека как носителя Божьего образа, и именно эта характеристика человека позволяет нам

---

[27] Беркхоф Луи. Систематическое богословие. Минск: Полиграфкомбинат им. Я. Коласа, 2014. С. 227.

близко знать Бога, общаться с Ним, поклоняться Ему и любить Его совершенно иначе, чем Его может любить любое другое творение во вселенной. Грудем отмечает:

> *Мы обладаем не только физическим телом, но и нематериальным духом… Это означает, что мы обладаем духовной жизнью, которая дает нам возможность общаться с Богом на личностном уровне, молиться Ему, прославлять Его и слышать Его… С тем, что мы обладаем духовной жизнью, связан и тот факт, что мы обладаем бессмертием; мы не прекратим существовать, но будем жить вечно [28].*

Итак, теперь становится ясно, какое отношение имеет сотворение человека по образу его Творца к балансу между временным и вечным. Бог создал нас духовными существами, а также дал нам физические тела, в которых мы живем и движемся. Таким образом, по Божьему замыслу мы имеем и дух, и тело. Что касается христиан, наши физические тела, которые умирают, в итоге воскреснут и преобразятся, и мы продолжим пребывать в них в общении с Господом в вечности (1 Кор. 15:44, 51–53; 1 Фес. 4:13–17) [29]. Таким образом смерть становится не чем иным, как сверхъестественными вратами, которые ведут нас из временного существования в жизнь вечную.

Итак, здесь мы видим два уникальных явления, которые физически существуют в этом мире, но на самом деле имеют вечную природу: Божье Слово и люди. В Божьем замысле

---

28   Грудем Уэйн. Систематическое богословие. Введение в библейское учение. СПб.: Мирт, 2010. С. 503–504.
29   Там же. С. 506.

они относятся и к временному, и к вечному царству. Божье Слово пребудет вечно, как и люди, созданные по Его образу.

А как быть с другими элементами нашей жизни? Чаще всего наши повседневные дела и слова можно отнести исключительно либо к временному, либо к вечному. Какие факторы нам необходимо принимать во внимание в поисках правильного баланса между этими двумя обширными сферами жизни?

РАМКИ ВРЕМЕННОГО

Мы должны помнить, что в нашей жизни есть временные блага, и уделять им достаточно внимания, чтобы достигать ряда важных жизненных целей. Во-первых, благодаря этому мы можем быть вовлечены в нашу земную жизнь и выполнять возложенные на нас земные обязанности в разных сферах жизни — в семье, в церкви, на работе и в своем окружении. В Книге Притчей мы находим мудрый совет: «Хорошо наблюдай за скотом твоим, имей попечение о стадах, потому что богатство не навек» (27:23–24). Хотя сегодня большинство из нас не разводят скот и не пасут стада, мы понимаем суть сказанного. Этот стих просто призывает нас усердно трудиться! В жизни верующего нет места лени или нечестности. Чтобы вы ни делали, делайте все, что в ваших силах. Всегда стремитесь к совершенству. Этот принцип применим не только к работе, но и к любой роли, в рамках которой на вас возложены определенные обязанности. Это может быть служение в церкви, волонтерская деятельность в общественной организации или множество других видов деятельности. О чем бы ни шла речь, с какой бы задачей христиане ни сталкивались, они должны доказывать, что они честные люди, которые хорошо справляются с поставленной задачей. В отношениях с другими мы всегда должны быть усердными, мудрыми и добрыми. Эта установка не только поможет нам в таком важном деле, как формирование характера, но и прежде всего воздаст честь Тому, Кто милостиво наделил нас способностями и талантами.

Семейные узы

Этот принцип усердия применим к нашим обязанностям в семье. Мы можем многому поучиться у женщины, описанной в Притчах 31:10–31. Она была очень трудолюбивой! Главной ее заботой было благополучие семьи, и она тратила много времени и сил на ее обеспечение. Она заботилась не только о своей семье: другие люди также познали ее доброту и щедрость. Эта женщина достойна подражания, поскольку является ярким примером человека, который серьезно относится к своим земным обязанностям и стремится к совершенству во всех делах.

Этот огромный, прекрасный мир

Забота о временных вещах служит еще одной цели. Это напоминание о том, что нужно не забывать о Божьем славном творении, которое мы видим вокруг себя, и благодарить Бога за него. Хотя Библия говорит нам в Откровении 21:1, что однажды настанут новое небо и новая земля, это не умаляет того факта, что нынешнее творение является хорошим. В конце библейского повествования о сотворении мира в Бытии 1:31 подводится краткий итог процесса сотворения: «И увидел Бог все, что Он создал, и вот, хорошо весьма». Все творение — это отражение присущей нашему Господу благости. В Псалме 18:2 псалмопевец с ликованием напоминает нам: «Небеса проповедуют славу Божию, и о делах рук Его вещает твердь». Каждый раз, когда я наблюдаю живописный восход или закат, я вспоминаю о том, что художники пытаются передать красоту Божьего творения и создают прекрасные картины на холсте. Тем не менее Бог — главный Художник и единственный, чьим полотном является все небо, а Его великолепная картина меняется ежеминутно прямо перед нашими глазами! Какой же у нас удивительный, непостижимый Бог! Псалом 103 — еще один отрывок, полный восхищения удивительным Божьим творением.

Остерегайтесь идолопоклонства

В этом временном мире наш щедрый Отец подарил нам красоту, искусство, музыку и тысячи других даров, которые восторгают наши сердца. Тем не менее мы не должны допускать, чтобы мы начали поклоняться дарам больше, чем Дарителю, ведь это не что иное, как идолопоклонство. Зачастую мы наслаждаемся всем этим творением в полном отрыве от Творца. Мы восхваляем человека, а не Бога. Однако в конечном счете все это исходит от Него. Он создал красоту; Он создал музыку; Он создал искусство. Все это зародилось в Его абсолютно безграничном разуме. Разве все эти благие дары не должны прежде всего побуждать наши сердца к прославлению Того, Кто их дал? Все, что мы видим и чем наслаждаемся в этом мире, всегда должно напоминать нам о нашем Творце.

РАМКИ ВЕЧНОСТИ

Итак, совершенно ясно, что есть время, когда следует думать о временном. Однако при этом нам также нужно размышлять о небесном. Американскому писателю XIX века Оливеру Уэнделлу Холмсу-старшему приписывают следующее высказывание: «Некоторые люди так много размышляют о небесном, что бесполезны на земле». Очевидно, что никто из нас не хочет, чтобы его называли «бесполезным на земле». Но в действительности мы должны помышлять о небесном. В Колоссянам 3:2 нам даны четкие указания: «...о горнем помышляйте, а не о земном». Поскольку у нас есть «осознание вечности в сердцах», мы должны вкладывать свои силы в вечное, в том числе в наши отношения с Богом и изучение Его Слова, а также отношения с другими людьми.

Мы небесные эмигранты

Слово Божье изобилует призывами сосредоточить свои мысли на небесном. Иисус сказал нам в Иоанна 14, что Он собирается приготовить место для нас в доме Своего Отца (14:2). Филиппийцам 3:20 говорит нам, что «наше... жительство на небесах, откуда мы ожидаем и Спасителя, Господа Иисуса Христа». То, что мы временно живем в этом мире, не означает, что мы здесь свои. То, что мы должны быть в мире, не означает, что мы должны быть от мира. В своем первом послании апостол Петр заверяет нас, что мы призваны «к наследству нетленному, чистому, неувядаемому, хранящемуся на небесах» для нас (1:4). В 1 Тимофею 6:7 апостол Павел говорит мудрые слова в напоминание нам:

«…мы ничего не принесли в мир… ничего не можем и вынести из него». Именно по этой причине Христос предупреждал нас: «Не собирайте себе сокровищ на земле…» (Мф. 6:19). Писание неоднократно напоминает нам, что все, что есть на этой земле, преходящее, и поэтому мы должны сосредоточить свои мысли на том, что имеет вечную ценность.

ВЕЛИКОЕ ЗАБЛУЖДЕНИЕ

Прежде чем мы рассмотрим возможные причины, по которым утрачиваем баланс в этой сфере, я хочу затронуть связанную с этим проблему — противопоставление «духовного» и «недуховного». По сути, это попытка свести земные ценности к двум категориям, из которых «духовное» является более святым, чем «недуховное». Призвание быть пастором или миссионером считают более высоким и духовным, чем призвание быть врачом, бухгалтером или водителем грузовика. Церковь или семинарию воспринимают как духовные места, а офис или городской парк считают недуховными. Посещение церкви или личная молитва дома — это духовные занятия, а выполнение обязанностей по работе или посещение спортивного мероприятия — недуховные.

К сожалению, эта ложная дихотомия закралась в коллективное мышление церкви. Это в корне неверный взгляд на жизнь на этой временной земле. Безусловно, в жизни есть много явлений, между которыми существует явное противоречие: послушание и непослушание, праведность и неправедность, нравственность и безнравственность. Однако неправомерно разделять все в жизни на духовное и недуховное. Какой бы ни была воля Господа в отношении нашей жизни, в этом состоит Его призвание для нас. Что бы мы ни делали, мы должны делать все во славу Божью (1 Кор. 10:31). Христос увещевал нас в Матфея 5:13—16 быть солью и светом для погибающего мира. Делиться Евангелием на работе так же важно, как и провозглашать его в церкви! Поскольку мы верующие и принадлежим Иисусу Христу, мы хотим чтить Его во всех сферах жизни. С одной стороны, мы не должны допускать чрезмерного одухотворения земных ценностей, но с другой, наши христианские убеждения и взгляды в духовной сфере должны влиять на все, что мы делаем. Мысли о Боге никогда не должны покидать наш разум. Когда мы по-настоящему поймем это, мы сможем поклоняться Богу и прославлять Его в любом деле или занятии, каким бы рутинным или обыденным оно ни было.

НЕ СТОИТ НАПРАВЛЯТЬ СИЛЫ НЕ В ТО РУСЛО

Пустой мешок мирского успеха

Возвращаясь к вопросу о балансе между временными и вечным, следует сказать, что перед нами стоит весьма устрашающая задача: нам нужно каким-то образом примирить эти две противоположности! Оба этих мира манят нас, и мы должны найти правильный баланс между ними. Давайте вначале поговорим о признаках, которые могут проявиться в нашей жизни, когда мы зацикливаемся на своем земном существовании. Во-первых, мы можем придавать слишком большое значение достижениям и успеху, славе и богатству (Евр. 13:5; 1 Ин. 2:15–16). Иногда мы понимаем, что стремимся к самореализации в отрыве от Бога и игнорируем реальность Его совершенной воли, которую Он с любовью определил в отношении нашей жизни. Акцент нашего внимания смещается со стремления к Божьей славе на прославление самих себя. Если вы трудитесь и изо всех сил стремитесь к совершенству во всем, это прекрасно. Но другое дело, когда мы настолько утрачиваем баланс, что наши эгоцентричные желания буквально начинают господствовать над нами. Бесчисленное множество людей достигают поставленных целей, а затем понимают, что этого недостаточно, ведь это не приносит им ожидаемого удовлетворения. Тем не менее, по иронии судьбы, в этой жизни так много людей пытаются найти счастье и удовлетворение в деньгах, успехе и материальных благах, которые однажды исчезнут. Если мы не будем проявлять осторожность, мы можем упустить из виду тот факт, что истинную радость и удовлетворение можно найти только во Христе (Пс. 106:9), а не в преходящих вещах, например, в мирской репутации или богатстве. Об этом предупреждал Христос: «Ибо какая польза человеку, если он приобретет весь мир, а душе своей повредит?» (Мк. 8:36). Для нас наивысшим благом и источником наибольшего удовлетворения всегда будет познание нашего Господа и поклонение Ему, а также просто исполнение нашего предназначения от сотворения.

Удовлетворение не гарантировано

Погоня за богатством и успехом часто сопровождается одержимостью материальным. Средства массовой информации постоянно внушают нам, что нам чего-то не хватает. Мы сосредоточиваемся на накоплении материальных благ и начинаем заботиться о «вещах» гораздо больше, чем следовало бы. Поскольку мы слишком сильно сосредоточены на материальном, нас не должно удивлять, если в конце концов мы начнем бояться за свое имущество и беспокоиться о том, что можем его потерять. Проблема в том, что мы забываем, что все это временно. Мы забываем, что моль и ржа могут истребить наше сокровище, а воры — подкопать и украсть его (Мф. 6:19–20). Какой бы ценной ни была вещь, она не будет служить нам вечно. Время неумолимо, и рано или поздно все на этой земле приходит в негодность. С течением времени даже самая красивая одежда выцветает и изнашивается, в обуви появляются дырки, автомобили перестают ездить, а дома гниют и разрушаются. Этот мир поистине «проходит» (1 Кор. 7:31; 1 Ин. 2:17).

Мы спасаем планету?

Вот еще один явный признак того, что мы слишком сильно погружаемся в земные дела: мы чрезмерно увлекаемся современными экологическими проблемами и кризисами, и ключевое слово здесь — «чрезмерно». Должны ли мы хранить то, что Бог доверил нам, и заботиться о Его прекрасном творении? Конечно. Должны ли мы перерабатывать все, что возможно, и максимально избегать загрязнения окружающей среды? Почему бы нет? Все это наша ответственность, если мы хотим быть добросовестными жителями этой земли. Однако эти временные ценности могут настолько захватывать умы верующих людей, что они иногда полностью забывают, что Христос однажды вернется на эту землю и что прежнее уйдет и настанет новое небо и новая земля (2 Пет. 3:10; Откр. 21:1). Как бы самоотверженно мы ни пытались спасти этот мир, мы не изменим ход истории и не отменим суверенный Божий замысел в отношении последнего времени, который Бог явил нам в Своем Слове.

Не гонитесь за модой

И наконец, еще один признак чрезмерной сосредоточенности на временном — это склонность сильно увлекаться какой-либо философией или идеологией. Обычно это касается таких сфер, как забота о здоровье, питание и физическая нагрузка: здесь все время появляются новые идеи и открытия. Очевидно, в сфере политики и образования также принято культивировать полную лояльность к идеям и шаблонам мышления. Конечно, нельзя отрицать, что во многих подобных инициативах и стремлениях есть что-то хорошее. Например, что касается заботы о здоровье, полезно ли регулярно заниматься физическими упражнениями? Бесспорно. Бесчисленные научные исследования доказывают пользу физических упражнений. Стоит ли стремиться питаться продуктами, полезными для нашего организма, и высыпаться каждую ночь? Конечно. Все это — примеры мудрого распоряжения физическим телом, которое дал нам Бог. Без сомнения, мы можем совершать определенные действия и вырабатывать некоторые привычки, которые могут помочь нам во временном мире. Поэтому вполне приемлемо совершать эти действия, чтобы вести как можно более здоровый и продуктивный образ жизни, зная, что этим мы можем прославить нашего Творца. Тем не менее мы должны признать следующее: чем бы мы ни занимались, каким бы здоровым ни был наш образ жизни и как бы это ни выглядело с человеческой точки зрения, мы не сможем изменить дату нашей смерти, поскольку Господь уже определил ее! В Евреям 9:27 сказано, что «человекам положено однажды умереть». Мы должны стараться действовать благоразумно, всегда помня о том, что Бог предопределил обстоятельства и время нашей смерти и что она произойдет именно так, как Он запланировал. И это знание дает нам большое утешение.

Конечно, можно понять тех, кто с энтузиазмом воспринял методологию, которая помогла лично им. Однако настораживает, когда кто-то начинает пропагандировать определенную философию или методологию так, будто это единственно правильная жизненная позиция, исключающая все остальные. Кроме того, если такие ревностные адепты различных философских направлений активно пытаются склонить на свою сторону всех остальных, это определенно может вызвать трения в межличностных отношениях. Нам необходимо проявлять смирение и рассудительность всякий раз, когда мы знакомимся с новыми идеями, товарами или способами выполнения каких-либо действий. Иногда эти новинки действительно полезны и заслуживают внимания, а иногда это не более чем дань моде. Только время покажет. В Иоанна 14:6 мы находим хорошо известный библейский текст, где наш Господь провозглашает: «Я есмь путь, и истина, и жизнь». Всегда помните, что подобные заявления о Себе вправе делать только Иисус Христос. Если бы такое заявление сделал о себе любой другой человек, приверженец любой другой философии или идеологии, то это была бы ересь.

НЕБЕСНАЯ НЕДАЛЬНОВИДНОСТЬ

Пренебрежение нашими обязательствами

Если рассматривать противоположную крайность, необходимо признать, что баланс в нашей жизни может нарушаться из-за излишней озабоченности вечными ценностями. На первый взгляд может показаться, что, если мы уделяем большое внимание духовности, это хорошо. Однако, если мы настолько поглощены этим, что начинаем умалять или игнорировать возложенные на нас Богом обязанности, то это также может привести к всевозможным проблемам. Утрированный пример такого отношения к жизни — это человек, который настойчиво молится и изучает Библию целыми днями вместо того, чтобы работать и обеспечивать свою семью. Хорошее ли дело — молиться и изучать Божье Слово? Конечно. Но не тогда, когда это лишает семью пищи, крова или предметов первой необходимости! Мы всегда должны стремиться находить мудрый и реалистичный баланс в этой сфере, который позволит нам выполнять наши земные обязательства. Подобным образом, если мы настолько заостряем внимание на вечном, что пренебрегаем своим материальным имуществом, мы можем стать неверными распорядителями тех благ, которые вверил нам Господь. Одежду нужно стирать; квартиру необходимо содержать в чистоте; наш автомобиль должен периодически проходить техническое обслуживание, чтобы он был в рабочем состоянии. Если мы игнорируем эти земные, но основополагающие житейские обязанности, мы проявляем не только небрежность и невнимательность к другим, но и недостаточную благодарность Богу за то, что Он нам дал.

Не забывайте смотреть на звезды

Кроме того, если у нас слишком возвышенный взгляд на жизнь, мы настолько сильно поглощены миром грядущим, что совсем забываем о поразительной красоте и величии этого мира. Мы никогда не должны забывать оглядываться вокруг и воздавать честь нашему Творцу за Его чудное творение. Нельзя допускать, чтобы мы переставали восхищаться устремляющимися в небо вершинами гор или живописным видом бесчисленных звезд в ночном небе! Послание к Римлянам напоминает нам, что «невидимое Его, вечная сила Его и Божество, от создания мира через рассматривание творений видимы» (1:20). Могущественный Бог, Который раскрасил небеса, пожелал явить нам некоторые черты Своего характера в «творениях». Мы не должны принимать это как должное.

Иногда мы плачем

Наконец, те, кто слишком сильно акцентирует внимание на вечном, могут быть склонны преуменьшать реальность страданий, вероятно, непреднамеренно. Жизнь в этом греховном мире может быть тяжелой и временами довольно мучительной. Разочарование, душевная боль, болезнь и смерть — это лишь некоторые из великого множества испытаний, которые являются частью человеческого существования. Хотя мы находим истинное утешение и надежду в вечных обетованиях Божьего Слова, мы должны быть осторожными, чтобы не применять библейские стихи без различия, как духовный лейкопластырь. Несмотря на то, что мы с благим намерением хотим утешить других, мы можем бездумно использовать духовные клише и банальные фразы, которые больше вредят, чем помогают. Никогда не допускайте, чтобы ваша сосредоточенность на вечном приводила к недостатку сострадания к людям, которые переживают страдания. Есть время, когда уместно напомнить брату или сестре во Христе о суверенности Бога и Его вечных целях, которые Он достигает в их жизни через страдания. Однако бывают и другие случаи, когда самое большое утешение, которое мы можем дать людям, — это вообще ничего не говорить и просто исполнять повеление «плакать с плачущими» (Рим. 12:15). Всегда стремитесь проявлять сострадание к людям, которые переживают настоящие страдания, и предлагать им утешение.

ОСЛАБЛЕНИЕ ХВАТКИ

Хотелось бы завершить обсуждение этой темы несколькими напутствиями из Нового Завета. В 1 Коринфянам есть интересный отрывок о том, как нам следует подходить к такой сложной задаче, как поиск баланса между временным и вечным:

> *Я вам сказываю, братия: время уже коротко, так что имеющие жен должны быть, как не имеющие; и плачущие, как не плачущие; и радующиеся, как не радующиеся; и покупающие, как не приобретающие; и пользующиеся миром сим, как не пользующиеся; ибо проходит образ мира сего (7:29–31).*

Апостол Павел имеет здесь ввиду, что, даже несмотря на то, что мы вынуждены функционировать и взаимодействовать в этой земной сфере, мы не должны жить так, будто бы этой жизнью все и заканчивается. Толкуя эти стихи, Жан Кальвин отмечал, что Павел призывает нас пользоваться всем, что у нас есть, дисциплинированно, чтобы это не мешало нам двигаться к цели[30]. У Мартина Лютера были похожие мысли по поводу этого отрывка. Относительно того, как христианам следует относиться к миру, он утверждает, что они не должны «слишком глубоко погружаться в него, испытывая любовь и желание или страдание и скуку, но должны вести себя как гости на земле, пользуясь всем непродолжительное время»[31]. Лютер здесь подчеркивает истину, которая сформулирована в стихе 31, что мы должны пользоваться этим миром, но не полностью. Мы должны научиться не привязываться к мирским ценностям, чтобы горести и радости, испытания и благословения нашего земного существования не определяли наш характер и не поглощали нас.

В Послании апостола Павла к Титу мы находим еще один мудрый совет по поводу того, как нам жить в этом физическом мире, не забывая о вечном. Во второй главе апостол вполне очевидно имеет в виду мирские заботы, когда увещевает нас, чтобы мы, «отвергнув нечестие и мирские похоти, целомудренно, праведно и благочестиво жили в нынешнем веке» (2:12). А в стихе 13 Павел показывает, как нам следует сочетать жизнь в этом мире с вечными ценностями. Он призывает нас продолжать «ожидать блаженного упования и явления славы великого Бога и Спасителя нашего Иисуса Христа» (2:13).

---

[30]   Кальвин, Ж. (2013). *Толкование на Первое послание апостола Павла к коринфянам* (Минск, Полиграфкомбинат им. Я. Коласа). С. 175.

[31]   Тисельтон, Э. (2017). *1 Коринфянам* (Черкассы, Коллоквиум). С. 243.

КРАЙНОСТИ

Подводя итог, следует упомянуть, что существует много очевидных признаков, по которым мы можем определить, в какую крайность уклоняемся — сосредоточенность на временном или на вечном. Если вы слишком сосредоточены на временном, вам могут быть присущи следующие черты:

- чрезмерный акцент на мирских успехах и достижениях;
- материализм — излишняя озабоченность материальными ценностями;
- страх или беспокойство по поводу возможной утраты имущества;
- излишняя озабоченность временными проблемами или благами;
- сильное влияние определенной жизненной философии или идеологии (например, забота о здоровье, физическая активность, питание, политика, образование и т. п.).

С другой стороны, если вы тяготеете к тому, чтобы уделять излишнее внимание вечным ценностям, вы можете заметить в себе следующие черты:

- пренебрежение данными Богом обязанностями;
- неверное распоряжение материальными благами;
- недостаточное понимание великолепия Божьего творения;
- недостаток сочувствия и сострадания к тем, кто переживает страдания.

Как мы уже говорили ранее, достичь баланса в этой сфере так сложно потому, что, будучи людьми, созданными по образу Божьему, обладающими и духом, и физическим телом, мы в действительности принадлежим к обоим мирам. Временные нужды громко взывают к нам здесь и сейчас и постоянно требуют нашего внимания. При этом мы также слышим тихий зов вечного, неустанно доносящийся из глубины нашей души, и знаем, что нас ждет нечто большее!

Кроме того, если мы принадлежим Христу, мы имеем духовное зрение, и поэтому вечность манит нас еще больше (2 Кор. 5:1–7).

Пожалуй, никто и никогда не описывал нашу глубокую тоску по вечному более красноречиво, чем Клайв Льюис в своей книге «Просто христианство»:

> *И если я обнаруживаю в себе такое желание, которое нельзя удовлетворить в этом мире, то я, вероятно, создан для иного мира. Если ни одно из земных удовольствий не насыщает меня, это еще не доказывает, что вся вселенная — обман. Может быть, земные наслаждения предназначались не для удовлетворения моих желаний, а лишь для того, чтобы, рождая эти желания, манить меня туда, где таится нечто настоящее. Если это так, то я должен постараться, с одной стороны, никогда не отчаиваться или быть неблагодарным за земные блага, а, с другой стороны, никогда не принимать их за то истинное, чьим подобием, отзвуком, миражом они являются. Я должен сохранять в себе стремление к истинному миру, который я обрету только после смерти; я не могу допустить, чтобы мир этот исчез, или чтобы я прошел мимо него. Обрести*

этот мир и помочь в этом другим должно стать основной целью моей жизни [32].

Несмотря на то, что книга «Просто христианство» была впервые опубликована только в 1952 году, в ее основу легла серия выступлений Льюиса на радио «Би-би-си» с 1941 по 1944 год, когда он был профессором английской литературы в Оксфордском университете. К тому времени, когда в 1956 году опубликовали последнюю часть «Хроник Нарнии», было очевидно, что эта мысль об «истинном мире» все еще тяготила разум Льюиса. На последних страницах заключительной части книги «Последняя битва», когда различные персонажи покидают Страну теней и направляются к новой Нарнии, Единорог восторженно восклицает: «Наконец-то я дома! Вот моя настоящая родина! Эту страну я искал всю жизнь, хоть и не знал о ней прежде» [33]. О Питере, Эдмунде и Люси, главных героях историй о Нарнии, рассказчик говорит следующее:

> ...для них настоящая история только началась. Вся их жизнь в нашем мире, все приключения в Нарнии были только обложкой и титульным листом, а теперь наконец началась глава первая Великой Истории, которую не читал ни один человек на земле; Истории, которая длится вечно; Истории, в которой каждая глава лучше предыдущей [34].

---

[32] Льюис Клайв Стейплз. Просто христианство. С. 137. (1952). *Mere Christianity* (New York: Macmillan). С. 120.

[33] Льюис, К. С. (2023). *Хроники Нарнии. Вся история Нарнии в 7 повестях* (Москва, ЭКСМО). С. 890.

[34] Там же, С. 898.

Писание ясно учит, что после смерти те, кто любит Христа, будут пребывать в вечности с Ним на своей настоящей родине, в которую каждый из нас попадет только тогда, когда мы завершим свой путь в этой земной жизни (1 Кор. 15:51–52; 1 Фес. 4:13–17; 1 Пет. 1:4). Когда мы понимаем, что дни безмолвно ускользают от нас и мы все больше и больше ожидаем обетованной вечности, как же нашим сердцам не трепетать от истины торжествующего возгласа Аслана в конце части «Последняя битва»: «Учебный год позади, начались каникулы» [35].

Чтобы достичь баланса между преходящими ценностями и вечными благами, мы должны хорошо проанализировать, в чем состоят наши земные обязанности, и убедиться в том, что мы выполняем их должным образом. Также важно стремиться к духовному совершенству и практиковаться в духовных упражнениях. Нам необходимо помнить о вечных ценностях, которые призваны направлять нас к Богу, Его Слову, молитве и служению другим. Как всегда, если мы стремимся возрастать в этой сфере, мы можем искать благочестивого совета у других верующих.

Для личного размышления и применения

ГЛАВА 5. ВРЕМЕННОЕ И ВЕЧНОЕ

1. Что сказано в Бытии 1:31 о мнении Бога о сотворенном Им физическом мире? Как нам следует относиться к Его творению (Пс. 103:24; 144:3–5; 1 Тим. 4:4–5)?

---

[35] Там же, С. 897.

2. Какую ответственность возложил Бог на человечество в отношении творения? (Быт. 2:15; Пс. 8:7). Какой термин— «владение» или «управление» — лучше всего описывает наше отношение ко всем материальным вещам? Как это должно отражаться на нашем отношении к своему имуществу?

3. Что сказано в Притчах 27:23–27 и 31:13–27 по поводу некоторых обязанностей, которые возложены на нас в этом временном мире?

4. Какие различия вы видите между ценностями тех, кто собирает сокровища на земле, и тех, кто собирает сокровища на небе (Мф. 6:19–21)? Какова связь между «сокровищем» и сердцем человека? Как эта истина помогает нам сохранять баланс в ситуациях, когда мы выбираем, во что вкладывать время и силы?

5. В Филиппийцам 3:20 апостол Павел напоминает нам, что, если мы знаем Христа, мы граждане небесного отечества. Какие характеристики имеет наследство, ожидающее нас на небесах? (1 Пет. 1:4). Что подразумевается под «горним», о котором должен помышлять верующий (Кол. 3:1–4)?

6. Как ожидание вечности с Богом помогает нам избавиться от излишнего беспокойства по поводу нашего земного имущества и житейских забот в этом мире (Мф. 6:25–34)?

Больше всего хранимого храни сердце твое, потому что из него источники жизни.

Притчи 4:23

…Да даст вам… крепко утвердиться Духом Его во внутреннем человеке…

Ефесянам 3:16

…Но усмиряю и порабощаю тело мое…

1 Коринфянам 9:27

…А упражняй себя в благочестии, ибо телесное упражнение мало полезно, а благочестие на все полезно…

1 Тимофею 4:7—8

…Чтобы также и жены, в приличном одеянии, со стыдливостью и целому-дрием, украшали себя…

1 Тимофею 2:9

ГЛАВА 6
ВНУТРЕННИЙ
И ВНЕШНИЙ ЧЕЛОВЕК

Мойка автомобилей — это индустрия мирового масштаба с многомиллиардным оборотом, особенно в странах, где автомобили служат основным средством передвижения. Мойка, чистка и полировка автомобилей — большой бизнес, начиная от простых автомоек и заканчивая высококачественным детейлингом. Только в Соединенных Штатах Америки насчитывается около 68 000 заведений, доход которых составил более 13 миллиардов долларов в 2019 году[36]. Точно так же индустрия красоты и личной гигиены — еще один крупный бизнес, стоимость которого во всем мире оценивают в более чем 500 миллиардов долларов. Сюда относится производство средств по уходу за кожей и предметов личной гигиены, косметики и парфюмерии. В 2019 году

---

[36]   IBISWorld. (2020). "Car Wash & Auto Detailing in the US industry outlook (2020–2025)." https://www.ibisworld.com/united-states/market-research-reports/car-wash-auto-detailing-industry/ (дата обращения: 30.05.2020).

в этой индустрии объем продаж только в США составил примерно 93,5 миллиарда долларов [37]. А если учесть глобальный доход во всех этих отраслях, цифры получатся астрономическими.

Что общего между этими отраслями? Они концентрируют наше внимание на внешнем, а не на внутреннем. Кроме того, тот факт, что они приносят огромный доход, показывает, что люди очень сильно заботятся о внешнем виде.

Тем не менее в этом всем есть определенная ирония: хотя мы и признаем, что нам следует уделять внимание как внутреннему, так и внешнему, мало кто станет отрицать, что важнее все-таки внутреннее. Если говорить об автомобилях, что хуже — помятое крыло или сломанный радиатор? Из-за чего автомобиль полностью перестанет работать — из-за небольшого участка облупившейся краски или из-за севшего аккумулятора? Подобным образом, когда мы говорим о своем теле, что важнее: то, какие мы снаружи, или то, что происходит внутри нас? Что принесет нам больше вреда — неудачная стрижка или сердечный приступ? Что приведет к более серьезным последствиям в нашей жизни в долгосрочной перспективе: то, что у нас закончились любимые духи, или то, что у нас только что нашли серьезное заболевание?

Хотя ответы на эти вопросы могут быть очевидными, найти баланс между внутренним и внешним в жизни не всегда так просто. В частности, если мы хотим понять взаимосвязь между внутренним человеком и внешним человеком, мы

---

[37] Cvetlovska, L. (2019). "45 Beauty Industry Statistics That Will Impress You." *Loud-Cloud Health* (January 8). https://loudcloudhealth.com/beauty-industry-statistics/ (дата обращения: 30.05.2020).

должны тщательно изучить предназначение и функции обоих явлений. Как мы убедились в главе 5, когда Бог сотворил нас по Своему образу, Он дал нам внутренний дух, который невидим, и физическое, материальное тело, которое видимо. О духе и теле следует поговорить подробнее.

Иногда мы обнаруживаем, что Писание сравнивает эти два аспекта человеческой природы, чтобы подчеркнуть контраст между ними. Есть один известный ветхозаветный стих из истории о помазании Давида на царство пророком Самуилом. Бог полностью отверг царя Саула из-за его непослушания, поэтому Самуил получил повеление отправиться в Вифлеем, чтобы назначить нового царя в Израиле. Далее в этой истории мы читаем о том, что престарелый пророк встречается с отцом Давида Иессеем и семью старшими братьями Давида. Находясь под впечатлением от внешнего вида старшего брата Давида — Елиава, Самуил восклицает: «Верно, сей пред Господом помазанник Его!»

В ответ на эти слова Бог напоминает Самуилу важную истину: в отличие от человека, наш Творец оценивает людей на более глубоком уровне:

> Но Господь сказал Самуилу: не смотри на вид его и на высоту роста его; Я отринул его; Я [смотрю не так], как смотрит человек; ибо человек смотрит на лицо, а Господь смотрит на сердце (1 Цар. 16:7).

В Новом Завете апостол Павел также подчеркивает различие между внутренним и внешним аспектом человеческой природы, когда говорит: «Ибо по внутреннему человеку нахожу удовольствие в законе Божием», но затем сокрушается: «...но в членах моих вижу иной закон, противоборствующий закону ума моего...» (Рим. 7:22—23). Апостол приводит еще одну примечательную иллюстрацию этого контраста в 4-й главе Второго послания к Коринфянам. Признав ранее в этой главе реальность собственных страданий и неизбежное разложение нашего внешнего физического тела, Павел ободряет своих читателей: он говорит, что, каким бы ни было состояние нашего тела, наш внутренний человек все равно из дня в день преображается верой в воскресшего Христа и надеждой на Него:

>> *Посему мы не унываем; но если внешний наш человек и тлеет, то внутренний со дня на день обновляется (4:16).*

Это интересный стих. Мы все понимаем, что в природе протекают процессы разложения и обновления, диаметрально противоположные друг другу. Однако в верующем человеке они фактически могут проходить одновременно. Это объясняется тем, что наш внутренний и внешний человек, которые связаны между собой таинственными и сверхъестественным образом, все же отличаются друг от друга.

Итак, поскольку речь идет о разных аспектах жизни человека, как внутреннему, так и внешнему человеку присущ определенный набор характеристик, а также свойственны определенного рода искушения. Чрезмерный акцент как на внешнем, так и на внутреннем человеке может привести к возникновению целого ряда проблем в жизни. Поэтому мы признаем необходимость установления библейского баланса между ними. Давайте начнем поиски этого баланса с рассмотрения свойств внутреннего человека.

ВЗГЛЯД ВНУТРЬ

В Писании используются различные термины для описания внутреннего человека. В зависимости от акцента конкретного стиха такие слова, как «сердце», «разум», «душа» и «дух», употребляются взаимозаменяемо. Как отмечает Крейг Троксель, слово, переведенное как «сердце», встречается в Библии чуть менее тысячи раз и применяется для описания нашего внутреннего «я» чаще, чем любой другой термин [38]. Однако зачастую этот термин истолковывают неправильно, как объясняет далее Троксель:

> *Библейское понимание термина «сердце» и современное значение этого слова почти противоположны друг другу. Сегодня под «сердцем» понимают эмоции человека. В Библии «сердце» описывает всего человека, в том числе и наши мыслительные способности* [39].

Современная тенденция нашего общества относить сердце только к сфере эмоций и «чувств» свидетельствует о прискорбном факте: мы неверно воспринимаем библейское учение на эту тему. Более полное понимание термина «сердце» предполагает, что внутренний человек рассматривается как совокупность различных способностей, таких как наше мышление и восприятие, понимание и рассуждение, намерения, воображение, совесть, желания и привязанности, эмоции и воля [40]. Все эти качества постоянно

---

[38] Troxel, A. C. (2020). *With All Your Heart* (Wheaton, IL: Crossway,). C. 17.
[39] Там же, C. 18.
[40] Vine, W. E., Unger, M. F., and White, W. Jr. (1985). *Vine's Expository Dictionary of Biblical Words* (Nashville, TN: Thomas Nelson, Inc.). C. 297.

связаны и взаимодействуют друг с другом. Всякое помышление и действие, направленное на добро (Втор. 6:5; 3 Цар. 8:61; 1 Пет. 1:22) или на зло (2 Пар. 12:14; Иер. 17:9; Прит. 6:18), — результат взаимодействия различных аспектов внутреннего человека. Когда мы начинаем по-настоящему понимать все, что входит в понятие «внутренний человек», мы приходим к осознанию важности этой сферы нашей жизни. Именно поэтому Павел молится о том, чтобы Бог дал нам «утвердиться… во внутреннем человеке» (Еф. 3:16). Вот почему Писание так необходимо для нашей жизни, ведь, как сказано в Евреям 4:12, живое Божье Слово «судит помышления и намерения сердечные».

Итак, в противовес ошибочному пониманию, которое предлагает этот мир, «сердце» заключает в себе всю совокупность нашего внутреннего естества. Троксель резюмирует это следующим образом:

> *В Писании «сердце» представляется не только как единое целое, но и как тройственное сочетание духовных составляющих человека: разума, желаний и воли. Другими словами, сердце включает в себя то, что мы «знаем» (знания, мысли, намерения, идеи, размышления, память, воображение), что мы «любим» (желания, побуждения, чувства, стремления) и что мы «выбираем» (сопротивление или подчинение, немощь или сила, согласие или отрицание)* [41].

Поскольку все, что мы думаем, говорим и делаем, исходит из сердца, крайне важно оберегать его от дурного влияния. Писание говорит нам, что «сердца испытывает Господь»

---

[41]   Troxel, *With All Your Heart*. С. 20.

(Прит. 17:3), и напоминает о том, что состояние нашего сердца определяет само течение нашей жизни: «Больше всего хранимого храни сердце твое, ибо из него источники жизни» (Прит. 4:23). В свете этих истин мы должны признать, что состояние внутреннего человека имеет определяющее значение не только для этой жизни, но и для жизни грядущей.

Как насчет наших эмоций?

Прежде чем мы завершим рассмотрение внутреннего человека, необходимо добавить еще несколько слов о наших эмоциях, или ощущениях. Поскольку все характеристики внутреннего человека взаимосвязаны, правильнее всего будет говорить, что наши эмоции — результат их совокупного влияния. Другими словами, наши мысли, привязанности и т. д. управляют нашими эмоциями. Следовательно, культивирование библейского мышления и богоугодных желаний, а также решение жить по вере в Бога порождает в нас правильные и контролируемые эмоции.

Конечно, стоит признать, что, в зависимости от особенностей природного темперамента, а также жизненного опыта, некоторые люди обладают более стоическим типом личности, а некоторые склонны к большей эмоциональности. Мы должны ценить премудрость и творческие способности Господа, которые проявляются в многообразии личностей среди окружающих нас людей. Кроме того, эта истина должна напоминать нам о том, что, хотя у всех нас есть мысли и эмоции, они могут проявляться по-разному у разных людей. В данном случае всевластие Бога выражается в том, что Он позволил сформироваться нашей уникальной личности, которой присущ определенный набор сильных и слабых сторон.

Однако, независимо от наших личностных особенностей, мы всегда должны стремиться быть сочувствующими и чуткими. Какими бы мы ни были по природе — сдержанными людьми с аналитическим складом ума или экспрессивными в эмоциональном смысле, — мы все должны плакать с плачущими и радоваться с радующимися (Рим. 12:15). Джеймс Монтгомери Бойс высказался о заботливом сердце нашего Спасителя во время Его земного служения следующим образом: «Иисус плакал и тем самым являл Бога, Который присоединяется к страданию Своего народа и скорбит с ним в его невзгодах»[42]. Таким образом, можно справедливо заключить, что эмоции — неотъемлемый элемент природы человека, сотворенного по образу Божьему.

Однако мы должны осознавать один неоспоримый факт, который отражает действительность нашего бытия: человеческие эмоции могут колебаться. Поэтому мы не можем доверять чувствам как безошибочному ориентиру при принятии жизненных решений. Более того, люди, которые в жизни руководствуются эмоциями, часто бывают более подвержены мистицизму. Это подход к христианской жизни, основанный на доверии субъективным чувствам, впечатлениям и переживаниям. Опасность мистицизма в том, что он отвергает объективные стандарты, в результате чего мы можем прийти к любым выводам, к которым захотим. Поэтому Божье Слово, которое никогда не изменяется, имеет первостепенное значение для нас: его можно сравнить с якорем, позволяющим нам держаться за истину и проявлять мудрость и рассудительность (Пс. 18:8–10; Ин. 17:17). Именно библейская истина производит в нас правильные мысли и чувства, а они, в свою очередь, порождают прославляющие Бога эмоции.

---

[42]   Boice, J. M. (1999). *The Gospel of John*, 5 vols. (Grand Rapids, Baker). С. 3:874.

ВЗГЛЯД НАРУЖУ

Вне всякого сомнения, наш внутренний человек крайне важен, поскольку он определяет суть всех «жизненных вопросов». Однако мы не можем недооценивать значимость нашего внешнего человека. В некотором смысле нам легче понять его суть. В самом общем значении речь идет просто о нашем физическом, материальном теле, которое едал нам Бог. Это наш облик, который видим мы сами и видят другие люди, в отличие от духовного внутреннего человека, который невидим.

Однако мы не должны сводить понятие внутреннего человека к некой сущности, «расположенной» в определенной части нашего физического тела. Это неверное представление о соотношении между этими двумя аспектами природы человека. Внутренний человек и внешний человек отличны друг от друга, но не отделены друг от друга. Мы функционируем как целостные существа, поэтому внутренний и внешний человек неразрывно переплетены в нашей личности. Итак, мы нечто большее, чем просто совокупность наших составных частей. Уэйн Грудем дает по этому поводу следующее толкование:

> *Важно помнить, что сам человек сотворен по образу Божьему, а не только его дух или его разум. Наши физические тела, безусловно, являются очень важной частью нашего существования и, преобразившись после возвращения Христа, они останутся частью нашего существования навечно* [43].

---

[43]   Грудем Уэйн. Систематическое богословие. Введение в библейское учение. СПб.: Мирт, 2010. С. 506.

В момент нашей смерти, впервые с тех пор, как Бог сотворил нас в утробе матери, наш дух и наше тело будут фактически отделены друг от друга. Но Писание учит нас, что даже это разделение будет временным и что однажды наш дух воссоединится с нашим воскресшим, духовным телом (1 Кор. 15:42–44, 51–53; Флп. 3:20–21).

Обнаружится состояние наших сердец

Одна из фундаментальных причин, по которым внешний человек так важен, заключается в том, что он является видимым проводником, через который выражаются все способности внутреннего человека.

Поэтому мы не можем преуменьшать его важность, как далее объясняет Грудем:

> *Таким образом, наши физические тела были сотворены в качестве подходящего инструмента, с помощью которого наша человеческая природа, сотворенная подобной природе Бога, получает физическое выражение. Практически все, что мы делаем, совершается через использование наших физических тел — наше мышление, наше моральное суждение, наши молитвы и хвала, наши проявления любви к другим и заботы о них — все это осуществляется через дарованные нам Богом физические тела [44].*

Основополагающую истину о том, что наш внутренний человек выражается через внешнего, ясно излагает в Своем учении Христос. В Матфея 12 Он использует аналогию с деревом и производимыми им плодами, чтобы

---

[44]   Там же. С. 506–507.

проиллюстрировать Свою мысль о видимом проявлении того, что коренится в человеческом сердце:

> *Или признайте дерево хорошим и плод его хорошим; или признайте дерево худым и плод его худым, ибо дерево познается по плоду... Как вы можете говорить доброе, будучи злы? Ибо от избытка сердца говорят уста. Добрый человек из доброго сокровища выносит доброе, а злой человек из злого сокровища выносит злое (Мф. 12:33–35).*

В Марка 7 Христос снова говорит отрезвляющие слова о сердце человека, а также о греховных помыслах и действиях, которые могут исходить из него:

> *Далее сказал: исходящее из человека оскверняет человека. Ибо извнутрь, из сердца человеческого, исходят злые помыслы, прелюбодеяния, любодеяния, убийства, кражи, лихоимство, злоба, коварство, непотребство, завистливое око, богохульство, гордость, безумство, — все это зло извнутрь исходит и оскверняет человека (Мк. 7:20–23).*

Но, к счастью, плоды сердца, которое любит Бога, также будут заметны в этом мире. Сердце, сосредоточенное на Боге, будет стремиться к Нему и искать Его лица (Пс. 26:8; 41:2–3; 62:2; 83:3; 118:10); будет петь и славить (Пс. 56:8); будет возвещать о Боге другим (Пс. 9:2); будет хранить Его Слово и приносить плод (Лк. 8:15); будет исполнять Его волю (Пс. 39:9; Еф. 6:6); будет стараться избегать греха (Пс. 118:11); будет ходить по Его уставам и соблюдать Его заповеди (3 Цар. 8:61; Пс. 118:10, 34); будет любить других христиан и служить им (Еф. 4:32; 1 Пет. 1:22); будет отражать любовь Бога и терпение Христа (2 Фес. 3:5).

Суть в следующем: наша внешняя жизнь обязательно будет отражать, кто мы на самом деле внутри, какими бы мы ни были — добрыми или злыми. Другими словами, наши сердца со временем проявят себя; правда о том, кто мы есть, во что мы верим и кому или чему поклоняемся, станет для окружающих предельно ясной. Будучи верующими, мы должны жить святой жизнью (1 Пет. 1:14–16). Мы должны жить в этом мире мудро, как «чада света» (Еф. 5:8–10, 15–16; 1 Фес. 5:5; Флп. 2:15). Поэтому наше внешнее тело играет важнейшую роль в том, какое свидетельство мы несем не только нашим братьям и сестрам, но и тем, кто не знает Христа.

Отражение характера нашего Творца

Наш внешний человек выполняет и другие функции. Помимо возможности служить и делать добро другим, наши тела также предоставляют нам еще одно средство, с помощью которого мы можем выразить тот факт, что мы созданы по образу Божьему. Разве не удивительно, что образ Божий заключен не только в нашем сердце, но и в нашем теле! В этой связи снова стоит процитировать Грудема, который своими наблюдениями наводит нас на размышления. Он отмечает, что, хотя Бог есть дух и поэтому не обладает телом, Он создал наши тела таким образом, чтобы они отражали определенные черты Его характера:

> *Например, наши физические тела дают нам способность видеть при помощи глаз. Это качество богоподобно, так как Сам Бог видит, и видит гораздо дальше, чем мы, хотя зрение*

Бога не связано с физическими глазами, подобными нашим. Наши уши дают нам способность слышать, и это качество богоподобно, хотя у Бога нет физических ушей. Наши уста дают нам способность говорить, в отражение того факта, что Бог есть Бог говорящий. Наши чувства вкуса, осязания и обоняния дают нам способность понимать Божье творение и наслаждаться им, и это является отражением того факта, что Бог понимает Свое творение и наслаждается им, хотя и иным, великим образом [45].

Ответственность, связанная с управлением

Последняя причина, по которой наши тела так важны, кроется в том, что мы призваны быть управителями. Помнить о своем здоровье и заботиться о теле, которое Бог доверил нам, — это подходящий способ почтить Его и выразить нашу благодарность Ему. Хотя мы признаем, что Господь в Своем всевластии определил продолжительность нашей жизни, мы не можем знать, сколько лет Он отвел нам. Поэтому нам стоит прилагать достаточно усилий, чтобы наши тела оставались сильными и активными для служения Богу и другим людям.

СЛИШКОМ СОСРЕДОТОЧЕНЫ НА СЕБЕ, ЧТОБЫ БЫТЬ СЧАСТЛИВЫМИ

Итак, мы вкратце рассмотрели законное предназначение и функции внутреннего и внешнего человека. Теперь следует

---

[45] Там же. С. 506.

поговорить о том, какая опасность исходит от крайностей с обеих сторон. Если мы склонны чрезмерно сосредоточиваться на своем внутреннем человеке, скорее всего, мы столкнемся с опасностью постепенного погружения в себя, которое станет нездоровым и не позволит нам заботиться о других. Никому не нравится быть в компании людей, которые думают только о себе! Самое крайнее проявление этой склонности, которое можно назвать «нарциссизмом», характеризуется обостренным чувством собственной важности, потребностью в чрезмерном восхищении со стороны и отсутствием сочувствия к другим людям. Хотя большинство людей далеки от этой крайности, они могут оказаться в ситуации, когда будут полностью поглощены своими мыслями и взглядами, чувствами, мечтаниями и целями, обидами и разочарованиями. Все вращается вокруг них самих! Они могут настолько сильно погрузиться в себя, что у них буквально не будет ни времени, ни желания думать о других.

В жизни такого человека наблюдается удивительный парадокс: чем больше он стремится к счастью, сосредоточиваясь на себе, тем более несчастным становится. Почему же так происходит? Из-за нашей постоянной борьбы с грехом человеческое сердце склонно сосредоточиваться на том, чего у нас нет, а не на том, что у нас есть. Это началось еще в Эдемском саду, когда дьявол указал Еве на то, чего у нее не было, а не на то, что у нее было. С тех пор такое поведение стало для человека типичным. Чем больше мы думаем о том, чего хотим, но не имеем, тем несчастнее становимся. Эти мысли заводят нас в тупик: мы начинаем испытывать жалость к себе, которая может закончиться депрессией и отчаянием. Самые сосредоточенные на себе люди обычно самые несчастные.

Подобным образом в поведении таких людей можно заметить еще один удивительный парадокс: они жалуются на то, что причина всех их проблем в том, что у них низкая самооценка или что они недостаточно любят себя. В действительности все как раз наоборот: на самом деле у них очень высокая самооценка, потому что они готовы тратить очень много времени и сил на то, чтобы сосредоточиваться на самих себе!

Дэвид Уэллс отмечает, что повышенный интерес к проблеме самооценки возник в американском обществе в 1960-х годах и в этот период стало зарождаться новое мировоззрение. Уэллс утверждает, что люди стали все больше и больше концентрироваться на себе, и для многих вошел в норму образ жизни, сосредоточенный на уважении к себе и реализации своего внутреннего потенциала для личной выгоды. Уэллс пишет: «Вполне разумно предположить, что такой поворот в нашем обществе должен встретить сопротивление со стороны верующих… но евангельские христиане с головой погрузились в эту новую философию жизни». И, к сожалению, десятки лет спустя такие клише, как самооценка и всевозможные проявления любви к себе, стали доминирующим мотивом в нашем обществе [46].

Неверующим свойственно испытывать чувство незащищенности и сосредоточенности на себе, но человек, чье сердце принадлежит Богу, обладает данной Духом способностью быть полностью довольным своим внутренним человеком и быть совершенно уверенным в нем. Мы признаем, что мы грешники, но уверены, что имеем бесконечную ценность

---

[46] Wells, D. (2008). *The Courage to be Protestant* (Grand Rapids, MI: Wm. B. Erdmans Publishing Co.). С. 136–38.

в силу того, что Бог сотворил нас по Своему образу и сделал каждого из нас уникальным. Более того, верой принимая искупительное дело Христа на кресте, мы можем познать удивительную Божью любовь и прощение в этом мире и обрести вечную безопасность в мире грядущем (Еф. 1:7–8; 2:6–7). Иан Гамильтон отмечает:

> *Это уловка дьявола, при помощи которой он постоянно стремится сделать так, чтобы мы были поглощены самими собой, и превратить христианскую веру в упражнение в обретении чувства собственного достоинства. Наше великое оружие против его коварной, самовосхваляющей, бесчестящей Христа тактики — демонстрировать всей своей жизнью связь между Божьим оправданием нечестивых только через веру в Иисуса Христа и нынешним положением каждого верующего перед Богом, которое подытожено в словах: «Итак, оправдавшись верою, мы имеем мир с Богом через Господа нашего Иисуса Христа»* [47].

Золотая середина

Опять же, мы не должны забывать, что и в этом вопросе можно достичь баланса. Нет ничего плохого в том, чтобы реализовывать свои цели и мечты и стремиться что-то изменить, пока мы здесь, на этой земле. Нет ничего плохого в том, чтобы применять свои дары и способности и стремиться к совершенству во всем, что мы делаем. Мы должны уделять своему внутреннему человеку достаточно внимания, ведь мы сталкиваемся с необходимостью принимать житейские

---

[47] Hamilton, I. (2013). *The Faith-Shaped Life* (Carlisle, PA: The Banner of Truth Trust). С. 37–38.

решения и выполнять повседневные обязанности. Тем не менее мы призваны всегда смотреть на эту проблему с библейской точки зрения.

Залог радости

В этом греховном, испорченном мире мы никогда не сможем обрести истинного покоя и счастья. Поэтому мы не должны тратить время на то, чтобы концентрироваться на себе и на том, чего нам якобы не хватает. Вместо этого нам стоит обратить внимание на нашего Творца и окружающих нас людей, и тогда чудесным образом мы обретем блаженное самозабвение. Я могу лично подтвердить, что самые счастливые люди, которых я знаю, — это те, кто тратит очень мало времени на размышления о себе. Они слишком заняты мыслями о более высоких и благородных вещах (Кол. 3:2). Их наивысшей целью является не угождение себе, а угождение Богу и прославление Его (2 Кор. 5:9; Пс. 113:9). Если мы любим Бога и других людей и служим им, тем самым мы прокладываем себе верный путь к радости (Пс. 15:11; 118:11; Ис. 58:10–11). В своей книге «Духовная депрессия» Мартин Ллойд-Джонс объясняет разницу между счастьем и радостью: мы не можем сделать себя счастливыми, но всегда можем радоваться в Господе независимо от обстоятельств. Затем он завершает свою мысль мудрым советом:

> *Пусть единственной вашей целью будет праведность и святость. И в той мере, в какой вы преуспеете в этом, вы и будете блаженны. Вы утолите духовный голод и жажду, а в придачу получите и счастье, которого так жаждете. Будете искать*

счастья — и никогда не найдете его. Ищите правды — и вы обнаружите, что счастливы… [48].

ДжонПайпернапоминаетнамсловаХристаотом,чтоблаженнеедавать,нежелипринимать(Деян.20:35),ипризываетпомнитьследующее:«Богсотворилнасдлятого,чтобы мыпреуспевали,истощаясебярадидругих» [49].Вконтексте нашегоразговорастоитпроцитироватьМилтонаВинсента, которыйразмышляетотом,какЕвангелиеизменяетнашу жизньиспасаетнасотчрезмернойсосредоточенностина себе.ВыражаяизумлениелюбовьюБогакЕгодетям,Винсентотмечает:«Ксчастью,Евангелиеосвобождаетменяот оковсебялюбия…Егопоразительнаялюбовькомнеизбавляетменяотэгоцентризмаиосвобождаетдлятого,чтобы ядвигалсядальшекцелямиинтересам,гораздоболеевеликим, чем моя личность» [50].

Обездвиженность в служении

Насможетподстерегатьещеоднаопасность:мыможем слишкоммноговремениуделятьсамоанализу,когдадело касаетсяслужениядругим.Язнаюнесколькочеловек,укоторыхбылапривычкаслишкомдолгооцениватьсвоимотивывслужении.Этилюдислишкомсильноволновалисьпо поводутого,почемуониделаютто,чтоделают.Ихбеспокоили следующие вопросы. Занимаюсьлияэтимрадитого, чтобыпривлечьвниманиексебе?Пытаюсьлиятайнопроизвестивпечатлениенакого-то?Делаюлияэтоизчувства

---

[48] Ллойд-Джонс, М. (2000). *Духовная депрессия. Причины возникновения депрессии и способы избавления от нее* (Санкт-Петербург, Мирт). С. 72.

[49] Piper, J. (2006). *When the Darkness Will Not Lift* (Wheaton, IL: Crossway Books). С. 63.

[50] Vincent, M. (2008). *A Gospel Primer for Christians* (Bemidji, MN: Focus Publishing). С. 30.

вины? Пытаюсь ли я повысить свою самооценку? Из-за того, что они тратили уйму времени на обдумывание подобных вопросов и постоянно переживали, что совершают служение с неправильными мотивами, они никогда практически ничего не делали для других. По сути, сосредоточенность на себе лишала их возможностей для служения. Если вы боретесь с этой склонностью, молитесь, чтобы Святой Дух действовал в вашем сердце, помогая вам отвлекаться от себя и обращать внимание на других людей.

Не игнорируйте то, что снаружи вас

Последнее, о чем бы хотелось упомянуть в связи с излишней сосредоточенностью на себе, — это склонность уделять слишком мало внимания внешнему человеку. Несомненно, огромная проблема нашего общества в том, что мы склонны уделять слишком много внимания внешнему, но можно впасть в противоположную крайность. Много лет назад Мелоди Грин высказала свои мысли по этому поводу в небольшой брошюре о скромности:

> *Я видела, как люди впадали в другую крайность и пытались доказать другим, что они более духовны, потому что не заботятся о своем внешнем виде. Но это также может быть всего лишь очередным проявлением гордыни и самоправедности [51].*

Полное пренебрежение своим внешним видом не признак духовности. Более того, это может отвлекать внимание и быть плохим свидетельством. Поэтому мы должны в разумных пределах прилагать усилия, чтобы прилично

---

[51] Green, M. (1980). *Uncovering the Truth about Modesty* (Lindale, TX: Last Days Ministries).

выглядетьпередокружающими.Мыдостигнембалансатогда,когда,соднойстороны,небудемслишкомсильноконцентрироватьсянавнешнемчеловеке,асдругой,небудем обделять его вниманием!

ОПАСНОЕ ЗАБЛУЖДЕНИЕ

Теперьмыподошликрассмотрениюпротивоположной крайности—чрезмернойозабоченностисвоимвнешним человеком.Какмыувиделивовведениикэтойглаве,наш мирзацикленнавнешнем.Длямногихвнешность,имидж и публичный облик важнее всего, а то, что за ними стоит, имеетвторостепенноезначение.Вобществе,вкоторомцаритповерхность,многиелюдиготовыдовольствоваться одним лишь намеком на какое-то внутреннее содержание. Старая пословица гласит: «Снаружи мило, а внутри гнило», и, к сожалению, такой подход к жизни существует ипроцветаетвсовременномобществе.Тщеславиеиповерхностьсчитаютобычнымявлением,илюдипринимают ихзанорму.Кнесчастью,вформированиитакихустановок большуюрольсыгралисоциальныесети,потомучтоони позволяютлюдямсоздаватькрасивуюкартинку,которая может быть очень далека от реальности.

Этот акцент на внешнем мы видим на каждом шагу. Что касается внешности, косметика и фотошоп могут значительно улучшить внешний вид человека, сделав его намного более привлекательным, чем он есть на самом деле. Но что касается характера, к сожалению, если можно добиться хорошей внешности, совсем не обязательно при этом быть хорошим. Если можно производить впечатление честного человека, вовсе не обязательно быть честным. Какую сферу нашей земной жизни мы бы ни взяли — бизнес, политика, религия, развлечения, реклама, — ничто так не притягивает людей, как имидж. Однако мы, верующие, должны понимать, что Библия учит нас прямо противоположному. Писание предельно ясно показывает, что первостепенное значение для нас имеет внутренний человек; главными для человека являются благочестивый характер и прямодушие (Пс. 14:1—5; Мих. 6:8; Тит. 3:1—2). Писание также напоминает нам, что физическая красота увядает (Прит. 31:30), а моль и ржа истребляют земные сокровища (Мф. 6:19—21). Поэтому мы должны постоянно бороться с этим мирским мышлением, которое так сильно сосредоточивает наше внимание на том, что мы видим снаружи.

Главное, чего нам следует остерегаться, — это склонность слишком сильно зацикливаться на своей внешности и, следовательно, тратить несоизмеримо много времени (или денег) на заботу о нашем внешнем человеке. Это показатель того, что наши приоритеты отклонились от библейского образца мышления, которое утверждает превосходство внутреннего человека. Безусловно, мы должны помнить о своем физическом здоровье и стараться как можно лучше распоряжаться своим телом. Здравый смысл подсказывает нам, что нужно принимать мудрые решения в отношении наших элементарных потребностей, например, питания, физической активности и отдыха, а также избегать любых привычек, которые могут нам навредить. В Первом послании к Тимофею апостол Павел признает, что «есть определенная польза в физических упражнениях» (1 Тим. 4:8, НРП). Во 2-й главе 3 Иоанна апостол молится за Гаия, чтобы тот «здравствовал и преуспевал во всём». Стремиться к физическому здоровью и благополучию вполне оправданно и разумно. Тем не менее это стремление может очень быстро превратиться в идола сердца и выродиться в горделивое желание привлечь к себе внимание или произвести впечатление на других своей физической подготовкой или телосложением. Поэтому необходимо честно исследовать свои мотивы в этой области.

Важность скромности

Важная тема, которая касается нашего внешнего вида, особенно в отношении христианок (хотя это относится и к мужчинам) — вопрос о скромности. Не секрет, что мы живём в невообразимо нескромном мире. В своей проницательной книге «Взгляд» Нэнси Демосс Вольгемут отмечает ряд очевидных различий между взглядом мира на этот счёт и наставлением, которое мы находим в Божьем Слове. В мире считают, что красота — это понятие внешнее и физическое, а Библия показывает, что красота — это внутреннее, духовное состояние. Мир внушает нам, что нужно одеваться так, чтобы обратить на себя внимание, а Бог повелевает нам одеваться так, чтобы прославлять Его. И наконец, мир говорит нам, что предназначение одежды — раскрывать и обнажать, но с тех пор, как Бог создал одежду для Адама и Евы в Эдемском саду, ясно, что предназначение одежды — покрывать и прятать наготу [52].

Совершенно очевидно, что шаблоны массовой культуры в корне противоречат библейским стандартам. Поэтому

---

[52] Wolgemuth, N. D. (2003). *The Look: Does God Really Care What I Wear* (Buchanan, MI: Revive Our Hearts). C. 17.

современное общество оказывает огромное давление на женщин, заставляя их перенимать нескромное поведение. Тем не менее из Римлянам 12:1 мы узнаем, что не должны сообразовываться с этим миром, в том числе и в том, как мы одеваемся. На этот счет в Библии нам даны четкие указания. В 1 Тимофею 2:9 апостол Павел повелевает женщинам быть «в приличном одеянии, со стыдливостью и целомудрием». В своем первом послании апостол Петр увещевает: «Да будет украшением вашим не внешнее... но сокровенный сердца человек в нетленной красоте кроткого и молчаливого духа, что драгоценно пред Богом» (1 Пет. 3:3—4). Эти стихи призывают нас не только одеваться подобающим образом, но и культивировать внутреннюю красоту, которая бесконечно более ценна в Божьих очах.

Если мы хотим смотреть на этот вопрос по-библейски, нам необходимо помнить основополагающий принцип: если мы знаем Христа, мы куплены дорогой ценой, и наши тела являются храмом Святого Духа (1 Кор. 6:20; 7:23). Если это правда, из этого следует, что мы должны одеваться так, чтобы прославлять Бога. Мы должны размышлять следующим образом: мы одеваем тело, которое на самом деле принадлежит Богу; оно больше не принадлежит нам! Поэтому то, как мы одеваемся, как и все остальное в нашей жизни, в конечном счете должно способствовать Божьей славе.

Во многих ситуациях такое стремление прославить Бога оберегает от опасности как нас самих, так и других людей в нашей жизни. Во-первых, желание угодить Богу будет побуждать нас регулярно исследовать свое сердце на наличие греховных мотивов в этом вопросе. Во-вторых, это не позволит нам использовать свою внешность в неправильных целях — для того, чтобы горделиво привлекать к себе внимание, добиваться признания и одобрения или пытаться каким-либо образом манипулировать другими с помощью того, как мы одеваемся. В-третьих, для других будет благословением, если мы будем осознанно стараться не отвлекать их внимание и не быть источником визуального искушения.

Еще один призыв к женщинам

Одна из основных причин, по которым всем, особенно женщинам, следует скромно одеваться, связана с тем, как происходит искушение. Наверняка мы замечали, что мужчины и женщины разные! И хотя всегда есть исключения, мужчины, как правило, воспринимают информацию преимущественно визуальным образом и больше подвержены влиянию того, что видят. Это одна из главных причин, по которым порноиндустрия с самого своего появления всегда была ориентирована на мужчин. Пастор Кент Келлер поясняет, что мужчин «больше привлекает то, что они видят в реальной жизни или на картинке, а женщин больше привлекает эмоциональная сторона отношений»[53]. Нэнси Демосс Вольгемут высказывает важное наблюдение: «Прикосновение мужчины для женщины значит то же самое, что взгляд на женщину для мужчины»[54]. Царь Давид испытал искушение, увидев купающуюся Вирсавию (2 Цар. 11:2). Иов сказал, что заключил завет со своими глазами, чтобы не смотреть на девушек (Иов 31:1). Таким образом, зрительное восприятие — это мощный канал, через который люди могут соблазняться греховными фантазиями и сексуальными

[53]   Martha Peace and Kent Keller, *Modesty: More Than a Change of Clothes* (Phillipsburg, NJ: P&R Publishing, 2015). С. 24.
[54]   Wolgemuth. *The Look*. С. 24.

грехами. Поэтому мы, христианки, ответственны за то, чтобы своим стилем одежды намеренно не вводить в соблазн наших братьев по вере (1 Кор. 8:9). В современном мире мужчины подвергаются сладострастным соблазнам везде, куда бы они ни посмотрели — телевидение, кино, рекламные вывески, журналы, интернет. Беспрерывный поток провокационных изображений заставляет их постоянно бороться за чистоту своего разума. Разве верующие мужчины не могут отдохнуть от этого хотя бы на короткое время, пока они находятся рядом с женщинами в церкви? Не следует ли дать им небольшую передышку от непрестанной борьбы с искушениями, с которыми они сталкиваются каждый день?

Здесь следует прояснить: нескромность не является оправданием похоти. Мужчина не может влиять на то, как одеваются женщины, но он может влиять на то, на что он смотрит. В конечном счете мужчины обязаны оберегать свои глаза и сердце от искушения. Но поскольку мы для них сестры во Христе, мы должны делать все возможное, чтобы помочь им. По этому поводу Вольгемут высказывает примечательную мысль:

> *Это не означает, что мужчины не ответственны за то, чтобы контролировать свои мысли или поведение. Как раз наоборот. В своем хождении с Богом они должны научиться пленять эти помышления в послушание Христу, даже если живут в обществе, в котором процветает нескромность. Тем не менее мы, верующие женщины, должны понимать, что наш выбор в одежде может либо помочь мужчинам преуспеть в моральном плане, либо привести к искушению, которое им будет трудно преодолеть. Это означает, что блюсти нравственную чистоту должны и мужчины, и женщины!..*

Мы должны делать все, что в наших силах, чтобы помочь нашим братьям устоять, и убедиться в том, что наша одежда и внешний вид способствуют прославлению Бога [55].

Проверяйте свое сердце

Один из самых полезных ресурсов на эту тему, который я когда-либо встречала, — это опросник «Проверка сердца на скромность», составленный Каролин Махейни и ее дочерью Николь Махейни Уитакер. Это список практических вопросов для самопроверки, при помощи которых женщины могут точно определить, насколько приличной является одежда, которую они носят каждый день (эти принципы также применимы к украшениям, косметике и т. д.). Мне особенно нравится то, что во введении говорится о важности состояния сердца и далее приводятся проницательные вопросы, при помощи которых авторы предлагают нам проверить себя. Что моя одежда говорит о моем сердце? Когда я выбираю, какую одежду надеть сегодня, чьего внимания я желаю и чьего одобрения жажду? Стремлюсь ли я угодить Богу или произвести впечатление на других? Соответствует ли одежда, которую я ношу, библейским ценностям скромности, самообладания и приличия в одежде? Или, может, моя одежда свидетельствует о том, что меня сильно увлекли и обольстили греховные ценности общества? [56]

Как мы уже упоминали в этой главе, на самом деле внешний человек является лишь отражением нашего внутреннего

55   Там же. С. 20–21.
56   Mahaney, C., and Mahaney Whitacre, N. (2005). *Girl Talk: Mother-Daughter Conversations on Biblical Womanhood* (Wheaton, IL: Crossway Books). С. 205.

человека. Поэтому главный вопрос — это не «что я ношу?», но «каково состояние моего сердца?». То, как мы подаем себя снаружи, многое говорит о нашем внутреннем состоянии. Когда мы заходим в помещение, прежде чем мы произнесем хоть одно слово, наша одежда (и остальной внешний вид) уже что-то говорит о нас. В Матфея 12:34 Христос сказал: «От избытка сердца говорят уста». Этот общий принцип также можно применить к проблеме скромности и сказать: «От избытка сердца одевается тело». Много лет назад одна благочестивая женщина оставила молодым сестрам из своей церкви такое наставление: «Наш характер — это картина, а наша внешность — это рама. Рама должна обрамлять картину, а не отвлекать от нее внимание»[57]. Нам стоит поразмышлять над этими мудрыми словами.

Подводя итог, хотелось бы повторить три главные истины, о которых следует помнить. Наши тела принадлежат Богу (1 Кор. 6:20; 7:23; 2 Кор. 6:16), а внешний вид отражает наше внутреннее состояние (Мф. 12:34–35; Прит. 6:14), и мы ответственны за то, чтобы не быть камнем преткновения для других (1 Кор. 8:9). Мы должны в меру заботиться о своем внешнем виде, чтобы не привлекать излишнего внимания. При этом не должны допускать, чтобы мы украшали себя нескромной одеждой, предназначенной для привлечения внимания. Нашей целью всегда должно быть прославление Бога, а не себя самих.

Удовольствия, взывающие к плоти

Еще одна опасность, с которой сталкиваются те, кто преувеличивает значение внешности, — это слишком сильное

---

[57] Keasling, S. (1991). Grace Community Church, Sun Valley, CA.

увлечение удовольствиями, которые мы можем испытать в этом мире с помощью наших физических тел. К таким удовольствиям можно отнести еду, питье, развлечения и множество других занятий. Во Втором послании к Тимофею Павел говорит о людях, которые «более сластолюбивы, нежели боголюбивы» (2 Тим. 3:4). И хотя это утверждение в первую очередь касается невозрожденных людей, любовь к удовольствиям может стать едва уловимым искушением даже для христианина. Хотя мы, безусловно, можем наслаждаться многими благами этого временного мира (см. главу 3), для достижения баланса в этой сфере мы должны усмирять свое тело таким образом, чтобы почитать Господа, а также мудро распоряжаться своим временем (1 Кор. 9:27). Даже те блага, которыми мы по праву можем наслаждаться, могут стать идолами нашего сердца, если мы будем любить их слишком сильно. Павел поясняет, что, хотя ему все дозволено, но не все полезно, поэтому «ничто не должно обладать» им (1 Кор. 6:12; 10:23). Даже если какое-либо занятие не является греховным, все же крайне важно, чтобы мы уделяли основное внимание главному и не позволяли этому занятию отвлекать нас от того, что в жизни действительно ценно. Мы не должны допускать, чтобы жажда физических удовольствий и наслаждений затмевала или уменьшала нашу любовь к Богу и вечным ценностям.

Не будьте фарисеями

Чрезмерный акцент на внешнем приводит к еще одной опасности: он порождает лицемерие, которое представляет собой смертельный разрыв между внутренним и внешним человеком. Во время Своего земного служения Христос неразрешительно осуждал фарисеев за их высокомерие и самодовольство. В Матфея 23 описана разрушительная сила лицемерия этих религиозных вождей. Они очень заботились о своем внешнем виде и похвале людей (ст. 5—7). Несмотря на то, что они заявляли, что любят Божий закон, они возлагали бремена на других, а сами отказывались подчиняться этим правилам (ст. 3—4). Фарисеи сосредоточивали свое внимание на мелочах и игнорировали более важные вопросы, которые рассматриваются в законе (ст. 23—24). Их лицемерие метко разоблачает Христос следующими словами: «Горе вам, книжники и фарисеи, лицемеры, что очищаете внешность чаши и блюда, между тем как внутри они полны хищения и неправды... Очисти прежде внутренность чаши и блюда, чтобы чиста была и внешность... Уподобляетесь окрашенным гробам, которые снаружи кажутся красивыми, а внутри полны костей мертвых и всякой нечистоты; так и вы по наружности кажетесь людям праведными, а внутри исполнены лицемерия и беззакония» (ст. 25—28).

Этот тип двуличия присутствует у того, кто притворяется, что верит в то, во что на самом деле не верит, и на словах заявляет, что следует определенным принципам, хотя его поведение свидетельствует об обратном. Английское слово «лицемер» (hypocrite — прим. перев.) происходит от греческого «хюпокритес», что означает «притворщик» или «актер». Это идеальное описание лицемера. Мы можем быть виновны не только в своем лицемерии: те из нас, у кого есть дети, должны быть осторожными, чтобы не поощрять такое поведение в них. Если мы разбираемся только с внешними проявлениями греха и не желаем решать глубинные сердечные проблемы, мы непреднамеренно поощряем в наших детях склонность к фарисейству, а это может привести к катастрофическим последствиям. Тем самым мы даже можем привить им с ранних лет нечестный и непорядочный образ жизни. Родители, не успокаивайте себя внешним послушанием своих детей, если за ним скрывается мятежный дух. Всегда разбирайтесь с глубинными проблемами — гордостью, эгоизмом, гневом, нечестностью и неблагодарностью. Наши дети могут хорошо вести себя и казаться прекрасными внешне, но при этом находиться в совершенно безнадежном состоянии внутри.

КРАЙНОСТИ

Мы должны оставаться бдительными и внимательными к тревожным признакам, которые могут появиться в нашей жизни, когда мы чрезмерно сосредоточиваемся либо на внутреннем, либо на внешнем человеке. Если вы чрезмерно акцентируете внимание на внутреннем человеке, это может проявляться следующим образом:

- нездоровое самокопание, сосредоточенность на себе или уход в себя;
- полное бездействие (из-за чрезмерной озабоченности своими мотивами);
- неряшливость или пренебрежение внешним видом.

Излишняя сконцентрированность на внешнем человеке может привести к следующим проблемам в вашей жизни:

- неправильные приоритеты;

- тщеславие (поверхностность, приверженность внешнему);
- нескромность;
- неуемная жажда физических ощущений или удовольствий;
- фарисейство (лицемерие).

В Римлянам 12 апостол Павел увещевает нас:

> *Итак умоляю вас, братия, милосердием Божиим, представьте тела ваши в жертву живую, святую, благоугодную Богу, [для] разумного служения вашего, и не сообразуйтесь с веком сим, но преобразуйтесь обновлением ума вашего, чтобы вам познавать, что есть воля Божия, благая, угодная и совершенная (Рим. 12:1–2).*

Преобразование нашего внутреннего человека и представление своего тела в жертву живую — это сбалансированное описание цели, к которой мы должны стремиться в этой сфере. Как и во всем остальном, если мы хотим последовательно воплощать эти истины в жизнь, очень важно искать помощи Святого Духа через молитву и изучение Библии.

Для личного размышления и применения

ГЛАВА 6. ВНУТРЕННИЙ И ВНЕШНИЙ ЧЕЛОВЕК

1. В 1 Царств 16:7 и 2 Коринфянам 4:16 мы находим упоминание о двух аспектах человеческой природы.

Какие другие слова употребляются в Писании для описания нашего внутреннего человека (Пс. 50:12; 18:15; Ис. 26:9; Мф. 22:37; Гал. 6:18; Еф. 4:23)?

2. Автор Притчей 4:23 увещевает нас: «…храни сердце твое…» Почему это так важно и как это делать на практике?

3. Каковы последствия чрезмерной сосредоточенности на внутреннем человеке? Исследуйте свое сердце с молитвой, чтобы определить, есть ли в вашей жизни области, в которых вы боретесь с чрезмерной сосредоточенностью на себе. Подумайте, какие шаги вы можете предпринять, чтобы достичь большего баланса в этих сферах.

4. Женщинам-христианкам даны четкие указания относительно их внешнего вида в 1 Тимофею 2:9–10 и 1 Петра 3:4. Своими словами объясните, почему важна скромность и как нескромная одежда может отвлекать или искушать окружающих.

5. Какое внутреннее качество благочестивой женщины дорого Богу, согласно 1 Петра 3:4? Опишите своими словами, что это значит.

6. К каким отрицательным последствиям чаще всего приводит чрезмерная сосредоточенность на внешнем? Есть ли в вашей жизни сферы, в которых вы слишком озабочены внешним видом? Как сохранять баланс в этих сферах?

...Но человек рождается на страдание, [как] искры, чтобы устремляться вверх.

Иова 5:7

В мире будете иметь скорбь...

Иоанна 16:33

Знай же, что в последние дни наступят времена тяжкие.

2 Тимофею 3:1

...Зная, что такие же страдания случаются и с братьями вашими в мире.

1 Петра 5:9

Притом знаем, что любящим Бога... все содействует ко благу.

Римлянам 8:28

Бог же надежды да исполнит вас всякой радости и мира в вере, дабы вы, силою Духа Святого, обогатились надеждою.

Римлянам 15:13

...Господа Иисуса Христа, надежды нашей...

1 Тимофею 1:1

ГЛАВА 7

РЕАЛЬНОСТЬ И НАДЕЖДА

Военная история изобилует примерами сражений, в которых войско терпело сокрушительное поражение из-за самонадеянности и недооценки противника. В таких случаях причиной неудачи становится неоправданный оптимизм и необоснованная надежда. Одно из таких сражений — знаменитая шестинедельная военная операция, произошедшая в ходе Второй мировой войны, известная как «Битва за выступ». Она проводилась в Арденнском лесу в Бельгии суровой зимой 1944–1945 годов, всего за несколько месяцев до окончания войны. Это последнее крупное наступление Германии в Европе было попыткой расколоть фронт союзников по мере их продвижения к Германии с целью навязать мирный договор в пользу Германии и ее союзников. В ходе наступления линия фронта союзников приобрела вид большой «выпуклости», благодаря чему битва получила свое название [58]. Наступление немецкой армии стало полной неожиданностью для союзников по целому ряду причин —

---

[58] History. (2009). "Battle of the Bulge." *History.com* (14 октября). https://www.history.com/topics/world-war-ii/battle-of-the-bulge (дата обращения: 24.06.2020).

из-за их самоуверенности, озабоченности собственными наступательными планами и пасмурной погоды, в условиях которой военно-воздушные силы союзников не могли совершать полеты. Положение союзников также осложнялось серьезными проблемами со снабжением и истощенными войсками. Наконец, в ходе операции планировалось нанести стратегический удар по слабозащищенному участку фронта союзников. И хотя операция полностью провалилась, а столкновение в Арденнах завершилось победой союзников 25 января 1945 года, это была жестокая и кровопролитная битва с громными потерями с обеих сторон[59].

Другое менее известное военное событие в истории, о котором бы хотелось упомянуть, произошло за сто лет до Второй мировой войны, в 1842 году. Оно получило название «Отступление британской армии из Кабула», или «Уничтожение отряда Эльфинстона». Это был еще один трагический случай, когда люди пали жертвами глупых решений. В 1839 году в ходе Первой англо-афганской войны британская армия заняла город Кабул. Однако в январе 1842 года ухудшение ситуации вынудило исполняющего обязанности командующего генерал-майора Уильяма Эльфинстона перевести свои войска в другой британский гарнизон, который располагался в 145 километрах от города. Предполагалось, что войскам удастся покинуть Кабул без происшествий, но произошло обратное. В ходе отступления колонна из 4 500 военнослужащих и 12 000 сопровождавших их гражданских лиц постоянно подвергалась нападениям со стороны афганцев и попадала в их засады. Противнику удалось практически

---

59   Wikipedia. (2020). "Battle of the Bulge." https://en.wikipedia.org/wiki/Battle_of_the_Bulge (дата обращения: 24.06.2020).

полностью уничтожить этот огромный отряд всего за одну неделю. Один из немногих выживших, лейтенант Винсент Эйр, отметил, что высшее военное руководство игнорировало многочисленные предупреждения об опасности на местах и неподготовленности военных в Кабуле [60]. За несколько месяцев до этого смертельного шествия в Кабуле убили двух высокопоставленных британских чиновников, однако британцы не предприняли никаких ответных действий. Нерешительность Эльфинстона и его неспособность признать реальность ослабила эффективность всей армии. Разгром отряда под его руководством на пути из Кабула стал серьезным поражением для британской армии [61].

Оба этих примера из истории показывают, насколько важно сохранять правильный баланс между реальностью и надеждой. В жизни мы тоже иногда попадаем в трудные ситуации, когда у нас возникает искушение впадать в крайности, реагируя на происходящее. В результате мы утрачиваем способность оценивать ситуацию объективно. С одной стороны, нас могут подавлять неблагоприятные обстоятельства, которые, как нам кажется, никогда не изменятся, из-за чего мы можем потерять надежду. С другой стороны, как показывают описанные выше примеры военных сражений, мы можем быть наивными или чрезмерно оптимистичными, или даже намеренно игнорировать неопровержимые факты. Во всех этих случаях мы отказываемся трезво оценивать действительность. Ни одна из этих реакций не является правильной. И, как мы

---

[60] Vandepeer, C. (2019). "Self-Deception and the 'Conspiracy of Optimism.'" *War on the Rocks* (дата обращения: 31.01.2019). https://warontherocks.com/2019/01/self-deception-and-the-conspiracy-of-optimism.

[61] Wikipedia. (2020). "1842 retreat from Kabul." https://en.wikipedia.org/wiki/1842_retreat_from_Kabul.

убедимся в ходе рассмотрения этой темы, они противоречат библейскому учению.

ОПРЕДЕЛЕНИЕ КЛЮЧЕВЫХ ТЕРМИНОВ

Слово «реальность» вызывает в нашем сознании очень много ассоциаций, но в своем основном значении оно описывает все то, что существует в действительности или в объективном мире; то, что существует независимо от любых догадок. Многие объекты, которые находятся в окружающем мире, можно назвать реальными — предметы, факты, события, людей [62]. Реальность — это всего лишь то, что существует.

С другой стороны, объектом надежды может быть явление, существующее или не существующее в действительности в конкретный момент. В словаре слово «надежда» определяется как «чувство, что можно достичь желаемого или что события обернутся к лучшему». Глагол «надеяться» означает «ожидать чего-либо с большим желанием и обоснованной уверенностью; чувствовать, что желаемое событие может произойти; верить во что-либо, желать чего-либо или уповать на что-либо» [63].

Как мы убедились в главе 5, суть библейской надежды отличается от мирского представления о надежде. Надежда этого мира всегда несет в себе значительную долю сомнения: то, на что надеются, может осуществиться, а может и нет. Однако

---

[62] Dictionary.com. (2020). "reality." Dictionary.com based on the Random House Unabridged Dictionary. https://www.dictionary.com (дата обращения: 19.06.2020).
[63] Там же, "hope".

надежда, описанная в Божьем Слове, не такова. В Писании она всегда представлена как абсолютная уверенность (Кол. 1:27; Гал. 5:5; Евр. 11:1). Алистер Бегг объясняет суть библейской надежды следующими словами:

> *Когда в Новом Завете употребляется слово «надежда», в нем нет даже и намека на неопределенность… Познать эту надежду — значит обрести уверенность в реальности, которую вы еще не испытали в полной мере. В этой надежде нет места для сомнения. Эту надежду обещал нам дать Бог истины. Это твердая надежда. Это надежда, которая порождает уверенность. Это надежда, которая основана на знании следующих истин: «кого Он предузнал, тем и предопределил быть подобными образу Сына Своего» (Рим. 8:29), и «начавший в вас доброе дело будет совершать его» (Флп. 1:6)[64].*

Однако, согласно нашему привычному пониманию этих терминов, реальность прямо противоположна надежде этого мира, которая определяется человеческими желаниями и не имеет под собой реального основания. Реалистичный взгляд на жизнь требует тщательного анализа и оценки происходящего. Нам необходимы эти навыки, если мы хотим объективно смотреть на ситуацию. Чтобы трезво оценить действительность, мы должны основательно проанализировать все сопутствующие факторы, которые касаются как прошлого, так и настоящего. В чем заключаются основные положительные и отрицательные стороны происходящего? Какие мотивы лежат в основе того или иного поступка человека и с какими целями он его совершает, будь то во благо или на

---

64 Begg, A. (2019). *Pray Big: Learn to Pray Like an Apostle* (The Good Book Company). C. 49.

зло? К каким результатам могут привести определенные действия? Какие последствия для окружающих могут повлечь за собой сложившиеся обстоятельства? Чтобы увидеть ситуацию в истинном свете, может потребоваться немало времени на размышления, но даже в этом случае мы не можем быть уверены, что все понимаем правильно. Всегда остается вероятность, что мы не учли какие-либо факторы. Поэтому лучшее, что можно сделать, — это как можно более точно и беспристрастно оценить все аспекты ситуации, а затем попытаться отреагировать на нее соответствующим образом.

С другой стороны, надежда обычно ассоциируется с такими понятиями, как ожидание чего-то радостного и вера в лучшее как в отношении обстоятельств, так и людей. Надежда оптимистична. Благодаря надежде мы живем и действуем с твердой верой в то, что люди могут изменяться, а обстоятельства — улучшаться. Когда возникает неопределенность, люди, исполненные надежды, не начинают сразу думать о худшем, но не перестают надеяться на успех. Благодаря надежде оптимисты видят стакан наполовину полным, а реалисты склонны видеть его наполовину пустым. Итак, нетрудно заметить различие между этими двумя взглядами на жизнь и понять, что в этом вопросе нам необходим здравый баланс.

ПРИМЕРЫ ИЗ ПИСАНИЯ, КОТОРЫЕ ВСЕГДА АКТУАЛЬНЫ

Разноцветная жизнь Иосифа

Как всегда, в подобных вопросах нам помогает разобраться Божье Слово. В Писании мы находим назидательные примеры того, как люди сталкивались с суровой реальностью, но покрывали и искупали ее надеждой. Один из первых таких примеров мы находим в Бытии в истории об Иосифе. Сказать, что Иосиф испытывал трудности в своей жизни, значит не сказать ничего. Когда он был совсем юным, его отец Иаков неосмотрительно выделял его из всех, сделав своим любимчиком. «Разноцветная одежда», которую отец дал Иосифу, стала одним из многих поводов, которые вызвали негодование у его братьев (Быт. 37:3). Их ненависть к Иосифу усиливалась. В конце концов его собственные братья безжалостно продали его в рабство, и Иосифа увели в другую страну. Затем его ложно обвинила коварная женщина, и он попал в египетскую тюрьму на несколько лет. Тем не менее в Бытии 50:20, когда после смерти своего отца раскаявшиеся братья Иосифа просят у него прощения, он произносит поразительные слова: «...вот, вы умышляли против меня зло; но Бог обратил это в добро, чтобы сделать то, что теперь есть: сохранить жизнь великому числу людей...»

Поистине, реальность, в которой оказался Иосиф, была полна страданий и унижений. Тем не менее испытания с годами смиряли и совершенствовали его и давали возможность увидеть, как в его жизни осуществляются великие Божьи цели. Нет никаких сомнений в том, что его братья действительно замышляли против него зло. Однако по прошествии многих лет, проведенных в тюрьме, Иосиф чудесным образом обрел благосклонность в глазах фараона, который назначил его на вторую по значимости должность в Египте, а также поручил ему управлять страной во время великого голода. Злые дела его братьев в итоге привели к тому, что Иосиф смог обеспечить продовольствием не только Египет, но и свою семью. Когда братья жестоко бросили Иосифа в яму, кто мог предвидеть, что это удивительный Божий замысел?

Отчаянный крик о помощи

В 20-й главе 2 Паралипоменон мы находим захватывающую историю иудейского царя Иосафата. Вся тяжесть его положения заключалась в том, что он чувствовал себя совершенно беспомощным перед лицом вражеской армии, которая угрожала уничтожить его и его народ. В этой чрезвычайной ситуации он принял мудрое решение и поступил правильно. Царь повелел всему народу искать Господа в посте и молитве, взывая к Богу о милости. Эта молитва заканчивается сердечным исповеданием Иосафата: «...нет в нас силы против множества сего великого, пришедшего на нас, и мы не знаем, что делать, но к Тебе очи наши!» (20:12).

Господь услышал вопль народа и подвизался за них, чудесным образом избавив их от врагов. Это глава для тех, кто утратил надежду. Мы можем многому научиться на примере Иосафата, который смиренно полагался на Бога и ожидал от Него избавления.

«Настоящая» реальность

Еще один пример несоответствия реального положения вещей ожиданиям мы находим в одной из моих любимых историй Ветхого Завета. Мы читаем это повествование в 4 Царств 6:8–17, где речь идет о пророке Елисее. В этой истории сирийский царь сильно разгневался, потому что Бог не раз открывал военные планы Сирии Елисею, который затем предупреждал об этом израильского царя, чтобы тот укрепил города, которые должны были подвергнуться нападению. Сначала царь Сирии подумал, что в его собственном доме есть предатель. Но когда ему сказали, что доносчиком был Елисей, царь послал большое войско, чтобы схватить пророка. Среди ночи все кони и колесницы царя, а также сирийские войска окружили город Дофаим, где остановился Елисей. Когда рано утром проснулся слуга Елисея и увидел войско, окружившее город, он побежал к пророку, обезумев от страха и опасаясь за свою жизнь: «Увы, господин мой, что нам делать?» (ст. 15). Но Елисей, человек Божий, был хладнокровен и спокоен. Он хорошо знал своего Господа, о чем свидетельствует его уверенное заявление: «Не бойся, потому что тех, которые с нами, больше, нежели тех, которые с ними» (ст. 16). Далее мы читаем: «И молился Елисей, и говорил: Господи! открой ему глаза, чтоб он увидел. И открыл Господь глаза слуге, и он увидел, и вот, вся гора наполнена конями и колесницами огненными кругом Елисея» (ст. 17). Слуга Елисея и не подозревал, что ночью Бог послал Свое небесное воинство, чтобы защитить их от сирийского войска, — слуга был слеп к этому, пока Господь не открыл ему духовные глаза.

Слуга Елисея думал, что тот смотрит на ситуацию реалистично, и это на самом деле было так. Не было сомнений в том, что город окружило сирийское войско. Но слуга не видел настоящей реальности: посреди всего этого был Бог! Нам очень легко утратить правильный взгляд на ситуацию, когда мы находимся в трудных обстоятельствах. Нас может настолько ошеломить реальность, которую мы видим, что мы будем слепы к действительности, которая для нас невидима. Никогда не забывайте об истине, о которой мы говорили в главе 5: в этом мире есть два царства — временное и вечное. Мы не должны быть настолько поглощены мыслями о временном царстве, чтобы упускать из виду те аспекты нашей жизни, которые относятся к вечности.

Избавление царя Давида от жизненных дилемм

В жизни царя Давида мы находим еще несколько примеров, иллюстрирующих важность баланса между реальностью и надеждой. Давид часто попадал в сложные ситуации. Некоторые из них возникли в результате злых деяний других людей, но, к сожалению, причиной многих его бед был он сам. В Псалме 3 мы видим, как Давид бежит от своего сына Авессалома, который ищет возможности опозорить своего отца и отнять у него царство. В первых стихах этого псалма Давид откровенно рассказывает о своем бедственном положении:

> *Господи! как умножились враги мои! Многие восстают на меня, многие говорят душе моей: «нет ему спасения в Боге» (Пс. 3:2–3).*

Давид ясно осознавал, насколько тяжелым было его положение. Ситуация казалась безнадежной, потому что многие отвернулись от него, присоединились к мятежу Авессалома и теперь пытались убить Давида. Давид совершенно реалистично оценивал опасность, с которой он столкнулся. И все же, как ни удивительно, дальше в этом псалме мы читаем такие слова:

> *Но Ты, Господи, щит предо мною, слава моя, и Ты возносишь голову мою. Гласом моим взываю к Господу, и Он слышит меня со святой горы Своей. Ложусь я, сплю и встаю, ибо Господь*

защищает меня. Не убоюсь тем народа, которые со всех сторон ополчились на меня. Восстань, Господи! спаси меня, Боже мой! ибо Ты поражаешь в ланиту всех врагов моих; сокрушаешь зубы нечестивых. От Господа спасение. Над народом Твоим благословение Твое (3:4—9).

Что изменилось? Удалось ли Давиду победить Авессалома? Восстановился ли Давид на царском престоле? Нет, его реальность совсем не изменилась. Он все еще спасался бегством от собственного сына. Изменился его взгляд на обстоятельства. Похожую динамику можно проследить в Псалме 12, где мы снова видим радикальное изменение мышления Давида на протяжении псалма:

> *Доколе, Господи, будешь забывать меня вконец, доколе будешь скрывать лицо Твое от меня? Доколе мне слагать советы в душе моей, скорбь в сердце моем день и ночь? Доколе врагу моему возноситься надо мною? Призри, услышь меня, Господи, Боже мой! Просвети очи мои, да не усну я сном смертным; да не скажет враг мой: «я одолел его». Да не возрадуются гонители мои, если я поколеблюсь. Я же уповаю на милость Твою; сердце мое возрадуется о спасении Твоем; воспою Господу, облагодетельствовавшему меня (12:2—6).*

В обоих псалмах мы видим, что вначале Давид искренне взывает о помощи и близок к отчаянию, но в конце он поет, благодарит и восхваляет Бога! В некоторых других псалмах, написанных Давидом, мы также наблюдаем переход от отчаяния к надежде. В качестве примера можно привести Псалмы 5, 7, 54, 56, 58 и 139. Если мы изучим эти псалмы, нам станет ясно, что в ходе своей порой бурной жизни Давид научился находить баланс между ощущением реальности и надеждой.

Если мы проследим преображение Давида в этих псалмах, мы узнаем, что именно произвело эти радикальные изменения в его мышлении. Он неоднократно признает, что Господь услышал его голос и молитвы (Пс. 3:5; 5:4; 54:18, 20). Он вспоминает, как Господь спасал и защищал его в прошлом (Пс. 3:4, 9; 54:17, 23; 58:17; 139:13). Он напоминает себе о Божьей силе и полном всевластии над всей вселенной (Пс. 7:9–10; 56:3–4; 58:6, 14). Наконец, Давид заостряет внимание на таких важных качествах Бога, как праведность (Пс. 5:5; 7:10, 18), любовь и благость (Пс. 5:8, 13; 56:11; 58:11, 18) и неизменность (Пс. 54:20). Все эти истины, в которые он верил, поднимали его над нынешней действительностью и возвращали к надежде.

Любая ситуация находится под контролем всевластного Бога

Переходя к Новому Завету, мы снова убеждаемся в том, что нам необходимо сохранять баланс в этом вопросе. Римлянам 8:28 настолько часто цитируют, что мы можем утратить ощущение важности глубокой, фундаментальной истины, которая содержится в этом стихе:

> *Притом знаем, что любящим Бога, призванным по [Его] изволению, все содействует ко благу.*

Как мы неоднократно отмечали, этот стих не говорит, что все в нашей жизни является благом. Здесь говорится, что в жизни Божьих детей все содействует ко благу. Это не одно и то же. В этой картине мира есть место для суровой реальности. Зачастую действительность, с которой мы сталкиваемся, — это зло. Нас постигает широкий спектр неблагоприятных обстоятельств — от событий, которые вызывают у нас разочарование, до невыразимых страданий или даже катастроф. Тем не менее в принципе, описанном в нашем стихе, нет исключений. Каким бы бедственным ни было наше положение, Господь дает нам обещание, что Он всегда будет использовать его для Своей славы и нашего блага. Нам это может не нравиться, мы можем этого не понимать, и вряд ли мы бы выбрали для себя такую участь. Но ничего из этого не меняет того факта, что эти обстоятельства допустил Бог и что Он использует их в своих целях. Знать и принимать это — значит стремительно идти к надежде.

Римлянам 8:28 вводит нас в обширное учение о всевластии Бога. Эту тему мы кратко рассмотрим здесь и вернемся к ней в следующей главе. Если сравнить надежду со зданием, то ее основание — это всевластие Бога. А если сравнить надежду с парусным кораблем, то ветром, направляющим этот корабль, является мудрое Божье провидение. Вера в то, что каждая молекула во вселенной находится под Божьим контролем, и уверенность в том, что Бог обернет все во благо для нас, — это главное, что заставляет нас хвататься за надежду и крепко держаться за нее. Как можно отвергать всякую надежду, если мы знаем, что все контролирует наш всеведущий и всемогущий Бог? Когда мы переживаем тяжелейшие испытания и трудности, мы должны держаться этих вечных истин, если не хотим утратить равновесие.

Позиция Павла

Апостол Павел, подобно Иосифу и Давиду, определенно не испытывал недостатка в трудных обстоятельствах жизни. Он пережил на своем опыте «все» то самое, о чем он писал в Римлянам 8:28. В 2 Коринфянам 11:23—28 мы находим ошеломляющий перечень испытаний, с которыми столкнулся апостол: это побои, заточения и кораблекрушения, а также всевозможные оскорбления и опасности, которым он подвергался.

Если у кого и было основание, чтобы сломаться под тяжестью действительности и утратить надежду, так это у Павла. Однако в 2 Коринфянам 4:8—9 он заявляет: «Мы отовсюду притесняемы, но не стеснены; мы в отчаянных обстоятельствах, но не отчаиваемся; мы гонимы, но не оставлены; низлагаемы, но не погибаем». Далее в том же послании Павел свидетельствует: «...нас огорчают, а мы всегда радуемся... мы ничего не имеем, но всем обладаем» (6:10). Павел хорошо знал, что благодати Господа достаточно для нас (Рим. 8:28; 2 Кор. 12:9—10). Поэтому он также научился принимать суровую реальность и при этом крепко держаться надежды.

ВЕРА В БОЖЬЕ ВСЕВЛАСТИЕ

В связи с этим напрашивается вопрос: как нам стать такими людьми? Как оставаться стойкими и непоколебимыми, когда суровые ветры реальности из всех сил пытаются подавить нашу веру? В Матфея 7:24—27 Иисус сравнивает дом, построенный на камне, с домом, построенным на песке.

Как построить дом, который устоит даже в самую сильную бурю? Как мы увидели ранее, нам можно многому поучиться у царя Давида. В самые мрачные времена своей жизни он помнил, что Бог слышит его молитвы. Он вспоминал, как Господь избавлял его в прошлом. Он признавал полную власть Бога не только над его жизнью, но и над всем творением. Кроме того, он постоянно размышлял о характере Бога. Все это крайне важно, но я хочу особо сосредоточиться на всевластии и характере Бога в контексте вопроса о балансе между осознанием реальности и надеждой.

В Писании неоднократно излагается учение о суверенности Бога (Быт. 50:20; Пс. 102:19; 113:11; Иов 42:2; Ис. 14:24, 26–27; 46:9–10; Дан. 4:32; Еф. 1:11; Кол. 1:16). Когда мы пытаемся разобраться с трудной ситуацией, нам необходимо помнить о Божьей суверенной власти над мельчайшими деталями нашей жизни. Мы должны понимать, что «вниз нас тянут не внешние обстоятельства, а наша собственная реакция отчаяния на них, когда мы не видим во всем, что бы с нами ни случилось, невидимую руку Божью» [65] (курсив автора). Господь постоянно действует, даже когда мы не понимаем, что Он делает. В свете этой истины мы также не должны жаловаться. Нам необходимо прийти к осознанию того, что если Бог действительно всевластен, то все наши жалобы в итоге направлены против Него и всего того, что Он допустил в нашей жизни. Как бы трудно это ни было принять, многие из наивысших Божьих целей относительно нас достигаются не тем, что Бог устраняет сложные ситуации из нашей жизни, но тем, что Он допускает их. Пророк Исаия напоминает нам, что мысли Бога — это не

---

[65]   Робертс, М. (1997). *Мысли о Боге* (Одесса, Христианское просвещение). С. 17.

наши мысли, и Его пути — не наши пути; они несравненно выше (Ис. 55:8—9).

Вот как рассуждает Мартин Ллойд-Джонс по поводу этих стихов:

> *Пытаясь осмыслить то, что с нами происходит, мы склонны снова возвращаться к рациональному мышлению. Поэтому не стоит удивляться, что мы не понимаем Божьих путей, ведь они совершенно отличны от наших. Эти два взгляда на происходящее различаются настолько сильно, насколько различаются небо и земля [66].*

Мы должны признать, что испытания и страдания, которые иногда являются неотъемлемой частью нашей действительности, служат благим и уникальным целям. Во-первых, они смиряют нас и, как ничто другое, сосредоточивают наше внимание на главном. Они направляют нас к Богу. Клайв Льюис говорил: «Бог шепчет нам через наши удовольствия, говорит к нам через нашу совесть и кричит через нашу боль» [67].

Очень мудрое наблюдение делает Элизабет Эллиот: «Через самые глубокие страдания Бог преподавал мне Свои глубочайшие уроки» [68]. Помимо этого, Псалом 118 учит нас, что скорбь открывает наши уши, чтобы мы услышали Божье Слово:

---

[66]   Lloyd-Jones, M. (1994). *Reflections: A Treasury of Daily Readings* (Grand Rapids, MI: Wm. B. Eerdmans Publishing Co.). C. 64.
[67]   Lewis, C. S. (1940). *The Problem of Pain* (reprinted 2001, San Francisco: HarperSanFrancisco). C. 91.
[68]   Эллиот, Э. (2021). *Страдания никогда не бывают напрасны* (Одесса, Тюльпан). C. 17.

> *Прежде страдания моего я заблуждался; а ныне слово Твое храню. <...> Благо мне, что я пострадал, дабы научиться уставам Твоим (118:67, 71).*

Итак, осознание того, что Бог использует наши страдания для нашего блага, дает надежду — надежду на то, что мы будем возрастать в любви к Богу и Его Слову, на то, что наш характер будет все больше уподобляться характеру Христа. Более того, это то самое «благо», о котором говорится в Римлянам 8:28–29, — наше благо не в утешении, не в счастье и не в материальных благословениях, а в том, чтобы больше уподобляться образу Иисуса Христа:

> *Притом знаем, что любящим Бога, призванным по Его изволению, все содействует ко благу. Ибо кого Он предузнал, тем и предопределил быть подобными образу Сына Своего, дабы Он был первородным между многими братиями.*

Вот почему учение о всевластии Бога должно приносить такое утешение и надежду: Бог использует каждую ситуацию в нашей жизни, как хорошую, так и плохую, чтобы сделать нас более похожими на Христа. Мы живем в греховном, испорченном мире, но в жизни тех, кто принадлежит Христу, не бывает случайностей. Если бы мы думали, что все страдания в нашей жизни — это просто случайные происшествия, никак не связанные с Богом и находящиеся вне Его контроля, это, несомненно, привело бы нас в отчаяние. Но осознание того, что любящий Отец суверенно действует в нашей жизни на благо нам, радикально меняет наш взгляд на конкретную жизненную ситуацию.

ДЕРЖИТЕСЬ БОЖЬЕГО ХАРАКТЕРА

Следует упомянуть еще одну важную истину: мы должны крепко держаться характера Бога, особенно когда переживаем большое горе и пытаемся понять, что Бог делает в нашей жизни. Если вы уделите время размышлению о Его атрибутах, это ободрит ваши сердца. Божьи совершенства поистине превыше нашего понимания, но Он позволяет нам познать их в некоторой мере, чтобы даровать нам утешение и уверенность, а также побудить нас к поклонению.

Например, Бог вечно самосущий и самодостаточный (Быт. 1:1; Ин. 1:1; 5:26). Он неизменный (Пс. 101:28; Мал. 3:6; Евр. 13:8; Иак. 1:17). Он святой, праведный и верный (Иез. 39:7; Пс. 10:7; 32:4). Он трансцендентный Бог, обладающий всякой премудростью и абсолютной властью над всей вселенной (1 Пар. 29:10–12; Пс. 144:3–6; Ис. 40:26, 28; 57:15), но при этом Он имманентный Бог Отец, который снисходит к нам, чтобы явить любовь, благодать и милостивую заботу (Пс. 33:18–20; 144:8–9, 14, 18–19). Он Бог, являющий справедливость и гнев (Пс. 88:15; 102:6; Рим. 1:18), благодаря чему мы можем надеяться на то, что однажды Он искоренит всякое зло. Он благ (Пс. 33:9; 106:1; 118:68), и в этом неиссякаемый источник нашей надежды.

Мэри Молер говорит о том, как важно сосредоточивать свое внимание на качествах Бога и радоваться тому, каков Он:

> ❞ *Я имею в виду глубокое чувство благоговения, укоренившееся в нашем сознании. Речь идет о ежесекундном осознании*

славной истины о том, что Бог вселенной бесконечен во всех Своих совершенствах и что Он любит нас [69].

Элизабет Эллиот также говорит о том, что мы обретаем мир, когда осознаем, что Бог любит нас и активно руководит нашей жизнью:

> *Таково христианство. Бог есть Бог. Бог триедин. Он любит нас. Мы не дрейфуем в океане хаоса. Эта мысль, как никакое другое знание об устройстве мироздания, поддерживает меня, укрепляет почву под ногами, вселяет в душу покой. Всякий раз, когда мне казалось, что жизнь моя рушится, я обращалась к незыблемым устоям, которые никогда не пошатнутся. Ничто в мире не в состоянии изменить эту данность. Он любит меня. Я не оставлена на произвол судьбы [70].*

Наш Господь — наш Спаситель

Рассуждая о важности познания характера Бога, мы извлекаем для себя полезные уроки из Книги Плача Иеремии. Отрывок из Плача Иеремии 3:21—22, написанный плачущим пророком, хорошо известен нам тем, что в нем содержится всегда актуальное ободрение: «...по милости Господа мы не исчезли, ибо милосердие Его не истощилось. Оно обновляется каждое утро; велика верность Твоя!» Но для тех, кто не знаком с содержанием Плача Иеремии 3, первые двадцать стихов могут показаться шокирующими.

---

69   Mohler, M. (2018). *Growing in Gratitude* (Epsom, UK: The Good Book Company). С. 10–11.
70   Эллиот. *Страдания никогда не бывают напрасны.* С. 61.

Во вступительной части этой главы изображена поистине мрачная реальность: здесь мы видим, как Иеремия разделяет страдания израильского народа. Он предстает перед нами как человек, попавший в безнадежную ситуацию, из которой нет выхода. Любой его крик о помощи сдерживается, любая попытка побега пресекается. Такие слова, как «страдание» и «бедствие», указывают на угнетенное состояние его сердца. Иеремия в полном отчаянии, и завершает он свой плач трагическими, душераздирающими словами: «И удалился мир от души моей; я забыл о благоденствии, и сказал я: погибла сила моя и надежда моя на Господа» (ст. 17–18). Он потерял надежду. Но самое интересное в данном отрывке — то, что все эти страшные бедствия пророк связывает не со случайным стечением обстоятельств, а с действием некой Личности. С самого начала почти в каждом стихе мы находим местоимения мужского рода: «…Он обратился на меня… сокрушил кости мои» (ст. 3–4); «…[Он] преградил дороги мои» (ст. 9); «…[Он] растерзал меня, привел меня в ничто…» (ст. 11). Иеремия прекрасно понимал, что причиной его боли и страданий был Бог.

Однако, подобно утопающему человеку, который пытается сделать вдох, Иеремия отчаянно пробивается выше, выше, выше — на поверхность своих страданий. И в стихе 21 мы видим, как он, наконец, прорывается наружу и делает первый глоток живительного воздуха, заключенного в прекрасных словах: «…милосердие Его [Господа] не истощилось». Затем в стихах 21–40 мы находим, что взгляд Иеремии на обстоятельства кардинально меняется, и он превозносит милость, милосердие, верность и благость Господа. Трижды, в стихах 21, 24 и 29, слова пророка выражают надежду. Самое важное — то, что все эти качества заключены в Господе: «Господь — часть моя, говорит душа моя, итак, буду надеяться на Него» (ст. 24); «Благ Господь к надеющимся на Него, к душе, ищущей Его» (ст. 25). Вполне очевидно, что Иеремия находил утешение не в материальных благословениях, а в Личности Бога.

Но подождите: не Тот ли это Бог, Который так жестоко угнетал его в первых двадцати стихах главы? Неужели Иеремия так легко забыл о страшных мучениях, которые он претерпел от рук Божьих? Здесь мы видим удивительный духовный парадокс: Тот, Кто является главной причиной наших страданий, также становится совершителем нашего спасения. Тот, Кто по Своему всевластию допустил бедствие в нашей жизни, также является наивысшим источником нашей надежды.

Нам, верующим, не по душе мысль о том, что благой Бог причастен к нашим испытаниям. Мы хотим «оправдать» Его и полностью отделить от всех наших невзгод, но Писание рисует перед нами совершенно иную картину. Что нам делать с такими отрезвляющими и ужасающими стихами?

> *Господь сказал: кто дал уста человеку? Кто делает немым, или глухим, или зрячим, или слепым? Не Я ли, Господь? (Исх. 4:11)*

> *Я образую свет и творю тьму, делаю мир и произвожу бедствия; Я, Господь, делаю все это (Ис. 45:7).*

> *Бывает ли в городе бедствие, которое не Господь попустил бы? (Ам. 3:6)*

> *Я умерщвляю и оживляю, Я поражаю и Я исцеляю, и никто не избавит от руки Моей (Втор. 32:39).*

Далее в Плаче Иеремии 3 говорится о том, что не бывает то, чему Господь не повелел быть, и что «из уст… Всевышнего происходит бедствие и благополучие» (3:37—38). В 1 Царств 2:6—7 мы снова читаем: «Господь умерщвляет и оживляет… Господь делает нищим и обогащает…»

Иов увещевает свою жену словами, которые показывают, что он хорошо понимает истину о всевластии Господа над всеми событиями его жизни, и хорошими, и плохими: «…неужели доброе мы будем принимать от Бога, а злого не будем принимать?» (Иов 2:10). Дальше, когда Иов размышляет о том, что Бог с любовью наказывает нас, он произносит глубокомысленные слова: «…Он причиняет раны и Сам обвязывает их; Он поражает, и Его же руки врачуют» (5:18).

Непреложная библейская истина состоит в том, что Бог причастен ко всем нашим обстоятельствам. Он обладает абсолютным всевластием, и ничто не может навредить нам без Его действия или позволения. Однако извечная проблема в том, что наш ограниченный человеческий разум изо всех сил пытается понять, какое отношение любящий Бог имеет к страданиям, происходящим в нашей жизни.

Тайна, о которой говорится в Плаче Иеремии 3, также описана в других текстах Писания. В Псалме 37:3, когда Давид поет песнь плача, он упоминает о Божьих «стрелах» и Божьей «руке». Затем мы обращаемся к Псалму 41, в первых стихах которого видим, что псалмопевец страстно желает и жаждет Бога. Но дальше в тексте псалма, когда он начинает рассказывать о трудностях в своей жизни, он обращается прямо к Господу, восклицая: «…все воды Твои и волны Твои прошли надо мною» (41:8). Заметьте: Давид не говорит, что это были просто «воды» и «волны». Очевидно, он признает, что все эти события не случайны и что бедствия в его жизни намеренно допустил Господь. Тем не менее в конце псалма автор снова начинает испытывать всепоглощающее желание просто находиться в присутствии Того, Кто допустил эти страдания.

Единственный способ понять этот парадокс — это увидеть в нем наше полное доверие Божьему характеру. В следующей главе мы рассмотрим этот вопрос более подробно. Да, Бог — мой суверенный Царь, Который контролирует каждую мелочь во вселенной. Но Он не только мой владыка — Он также мой Спаситель, Который умер за меня, и мой любящий Отец, Которому я доверяю. Он моя крепость, моя скала, мое прибежище, мой Избавитель, мой щит, моя твердыня (Пс. 17:2–3). Он добрый Пастырь, Который нежно ведет меня и положил за меня Свою жизнь (Пс. 22; Ин. 10:11, 14–15). Будучи уверенным в Божьей благости, даже если я не всегда понимаю Его таинственного провидения в моей жизни, которое иногда причиняет мне страдания, я принимаю решение верить, что в конечном счете это обернется для меня благом. Я очень сильно нуждаюсь в любви, водительстве и благодати Бога, особенно в трудные времена. Поэтому, подобно Давиду и Иеремии, даже когда я вижу Его руку во всех моих обстоятельствах, я буду жаждать Его больше, а не меньше.

Подводя итог, можно сказать, что это всего лишь несколько советов, которые помогут нам удержать наш корабль на плаву в жизненных бурях и уверенно двигаться по узкому проливу между реальностью и надеждой. Мы должны твердо сосредоточить свой взгляд на Божьем характере. Мы должны верить, что Его всевластие всегда осуществляется ради нашего блага и Его славы. Кроме того, мы должны напоминать себе, что Он слышит наши молитвы и всегда верно направлял нас в прошлом.

НЕ ЗАБЫВАЙТЕ ОСНОВЫ

Нам не следует забывать, что регулярное изучение Библии и молитва должны быть основой всего остального, что мы делаем. Как мы вообще узнаем, Кто Такой Бог, если не будем проводить время в Его Слове? Как мы поймем, что Он слышит наши молитвы, если никогда не молимся? Любые наши духовные усилия должны сопровождаться глубоким изучением Божьего Слова и постоянством в молитве. Синклер Фергюсон подчеркивает необходимость усердного изучения Писания:

> Когда мы покорно слушаем Божий голос, мы обретаем познание Бога… Именно из Писания мы узнаем, как Бог смотрит на Себя Самого, на нас и на окружающий мир, и что Он хочет, чтобы мы знали для служения Ему… Поэтому, если мы желаем возрастать в познании Бога, мы не найдем замены таким дисциплинам, как изучение Библии, чтение Писания и размышление над ним. Мы не можем обойтись без руководства, данного нам Богом, и затем ожидать, что сможем познавать Его своим способом [71].

Эрик Александер подчеркивает приоритетность молитвы, напоминая нам, что «во всей Библии молитва играет

---

[71] Ferguson, S. (1987). *A Heart for God* (Carlisle, PA: The Banner of Truth Trust). С. 7–8.

главную, а не вспомогательную роль в личной и коллективной жизни Божьего народа»[72].

Джон Райл отмечает, что молитва — неотъемлемая часть жизни Божьего чада:

> Первым проявлением, или делом, веры должен быть разговор с Богом… Молитва имеет для веры такое же значение, как дыхание для жизни. Я не представляю, как человек может жить и не дышать. Как он может веровать и не молиться — также выше моего понимания[73].

Поэтому крайне необходимо не пренебрегать применением этих важнейших дисциплин в нашей жизни. От них зависит наша устойчивость в вере и духовный рост.

ПРИНЯТИЕ РЕАЛЬНОСТИ БЕЗ СОПРОТИВЛЕНИЯ

Мы убедились, что нам необходимо иметь сбалансированный взгляд на наши жизненные обстоятельства. Но что тоже происходит, когда мы чувствуем, что наша лодка начинает крениться в ту или иную сторону во время шторма? Как мы ведем себя, когда нас захлестывает волна за волной во время непреодолимого испытания и мы начинаем терять равновесие? Мы живем в развращенном, греховном мире, поэтому не стоит удивляться, если порой мы будем разочаровываться в людях. Наше положение и обстоятельства

---

[72] Alexander, E. (2012). *Prayer: A Biblical Perspective* (Carlisle, PA: The Banner of Truth Trust). C. ix.

[73] Райл, Д. Ч. (2000). *Призыв к молитве* (Санкт-Петербург, Библия для всех). C. 14.

могут становиться все более трудными и напряженными, и тогда они начинают влиять на наше мышление и способность оставаться стойкими. Один из первых признаков, которые мы можем обнаружить в своем сердце, — это растущая склонность к скептицизму и цинизму. Когда нас ранят и разочаровывают люди или события, с которыми мы сталкиваемся, как правило, мы начинаем защищаться, чтобы нас не ранили снова. Наше разочарование может незаметно перерастать в более циничное, пессимистическое отношение к жизни в целом, и мы можем начать недоверчиво относиться к другим людям и их намерениям. Если в нашей жизни нет уравновешивающего фактора надежды, такое отношение может в итоге вылиться в острую горечь, которая укоренится в нашей душе. К сожалению, многих в конце этого темного и опасного пути ждут отчаяние и депрессия.

Если вы склонны к такому мышлению, вам просто необходимо сознательно сосредоточивать свой разум на надежде, которая в преизбытке явлена в Писании. Пребывайте в Божьем Слове, искренне просите помощи у Святого Духа и заручитесь молитвенной поддержкой ваших сестер и братьев во Христе, которые будут рядом с вами в испытаниях. Сознательно и решительно отвергайте ложь дьявола и безнадежные советы, которые нашептывает вам мир. Боритесь за надежду! Джон Пайпер дает нам совет:

> *Отчаяние безжалостно в своем пессимизме и преподносит нам этот образ мышления как единственно верный. Но мы снова и снова убеждаемся… что нельзя верить заявлениям, выражающим абсолютную безнадежность, которые мы делаем, находясь во тьме. Та картина мира, которую навязывает нам*

мрачная действительность, не является достоверной. Пока
у нас есть свет, давайте культивировать в себе недоверие
к мыслям, которые внушают нам отчаяние[74].

БЕЗРАССУДНАЯ НАДЕЖДА

А как проявляется противоположная крайность — поведение человека, который склонен настолько сильно подчеркивать важность надежды, что его взгляд на жизнь становится нелогичным, неразумным или даже иррациональным? Что можно сказать о человеке, который упорно отказывается честно оценивать ситуацию и принимать реальность? Такое поведение также может быть разрушительным, потому что в итоге ничего не улучшается и не решается. Особенно когда мы сталкиваемся с грехом в жизни другого человека, бывают моменты, когда мы должны честно и прямо говорить о том, что нас беспокоит. Даже если проблема не касается греха, быть наивными и сознательно игнорировать неконструктивное мышление и поведение — это не любовь. Как мы увидели в главе 4, иногда мы отказываемся говорить с человеком или обличать его, потому что боимся, что нам придется поплатиться за это. Но глупый оптимизм, вплоть до отрицания фактов и полного игнорирования действительности, никому не поможет. Бывают моменты, когда самый лучший способ проявить любовь к дорогому нам человеку — это с кротостью сказать ему правду. Мы всегда должны проявлять доброту к другим,

---

[74] Piper, J. (2006). *When the Darkness Will Not Lift* (Wheaton, IL: Crossway Books). C. 42–43.

но при этом быть честными. В конце концов, если мы игнорируем факты и решаем окунуться в мир фантазий, который отвергает реальную жизнь, это признак незрелости. Такие люди не решают проблемы, а просто отворачиваются от них. Им также нужно искренне искать мудрого совета в Божьем Слове и у братьев и сестер во Христе. Кроме того, они должны молиться, чтобы Дух даровал им мудрость, рассудительность и смелость, чтобы правильно оценивать свои жизненные обстоятельства.

ПРИЗНАНИЕ НЕОБХОДИМОСТИ И ТОГО, И ДРУГОГО

Таким образом, одна из важнейших задач христианской жизни — научиться жить в свете реальности, но при этом сохранять надежду. Мы должны всегда иметь надежду, но при этом объективно признавать реальность своего положения и всевластие Господа над всеми нашими обстоятельствами. Такой сбалансированный взгляд на жизнь можно назвать «реалистичным оптимизмом», или «оптимистичным реализмом». Это всего лишь означает, что, каким бы плохим ни казалось наше положение, мы должны верить, что наш Бог постоянно достигает Своих божественных и таинственных целей в нашей жизни. Он суверенный, премудрый и всемогущий. Он изменяет сердца и неизменно обращает зло во благо. А главное, Он любит нас непостижимой любовью. Если мы Божьи дети, у нас всегда есть надежда. Если мы говорим, что у нас нет надежды, тем самым мы критикуем характер Бога, потому что Он есть Бог надежды.

В Писании мы находим так много стихов о надежде. Мы призваны к надежде (Еф. 1:18) и надеемся на Его Слово (Пс. 118:74, 81), Его милость (Пс. 32:18), Его спасение (Пс. 118:166; Плач 3:26). У нас также есть надежда на вечную жизнь (Кол. 1:5; Тит. 1:2; 3:7). Но более всего мы надеемся на Самого Бога (Пс. 30:25; 37:16; 41:6; 70:5; 145:5; 1 Тим. 1:1; Тит. 2:13; 1 Пет. 1:21). Мы надеемся на то, чего не видим (Рим. 8:24–25; Евр. 11:1), и, как сказано в Евреям 6:19, эта надежда является крепким якорем для нашей души. Мы никогда не перестаем надеяться (Пс. 70:14). Из Божьего Слова ясно, что цель Бога в отношении Его детей состоит в том, чтобы мы преисполнились надеждой:

> *А все, что писано было прежде, написано нам в наставление, чтобы мы терпением и утешением из Писаний сохраняли надежду. <...> Бог же надежды да исполнит вас всякой радости и мира в вере, дабы вы, силою Духа Святого, обогатились надеждою (Рим. 15:4, 13).*

Бегг описывает суть славной надежды, которую мы имеем во Христе, и то, как она влияет на всю нашу жизнь:

> *В этой твердой надежде заключается упование, уверенность и радость христианина. Мы знаем, что наши лучшие дни еще впереди. Мы знаем, что смерть — это не конец золотой поры нашей жизни, но ее начало. Эту истину трудно помнить. Ее трудно держаться в безнадежном мире и в обстоятельствах, которые иногда могут казаться безнадежными... Вот почему вам нужно просить Бога, чтобы Он помог вам ощутить реальность этой надежды, а также чтобы Он помог*

ощутить ее реальность окружающим вас людям. Молитесь
о том, чтобы сосредоточиться на надежде [75].

ПРИМЕРЫ БАЛАНСА МЕЖДУ РЕАЛЬНОСТЬЮ И НАДЕЖДОЙ

Эта тема побудила меня задуматься о христианах, чья жизнь демонстрирует правильный баланс в этой сфере. У каждого из них была надежда, сила которой превосходила тяжесть их реальности.

Фанни Кросби столкнулась с тяжелым испытанием: она потеряла зрение в младенчестве и всю жизнь была слепой. Тем не менее она стала известной поэтессой и композитором и написала более восьми тысяч гимнов и евангельских песен, многие из которых поют и сегодня. Мы изумляемся тому, сколько надежды и благодарности заключено в удивительных словах: «Видимо, Бог по Своему блаженному провидению предназначил мне быть слепой всю мою жизнь, и я благодарю Его за это решение. Если бы мне завтра предложили даровать совершенное земное зрение, я бы не приняла его. Возможно, я бы перестала петь гимны во славу Бога, если бы меня отвлекали красивые и интересные образы вокруг» [76].

Большую часть своей жизни во взрослом возрасте жена Чарльза Сперджена Сюзанна испытывала серьезные проблемы со здоровьем, из-за которых многие годы оставалась инвалидом. И все же она не теряла надежды и не сосредоточивалась

---

[75] Begg, A. (2019). *Pray Big: Learn to Pray Like an Apostle* (The Good Book Company). C. 55.

[76] "Fanny Crosby: America's Hymn Queen." *Glimpses of Christian History 198,* https://www.christianhistorytimeline.com/ GLIMPSEF/Glimpses2/glimpses198.shtml.

на себе и своих трудностях. Сюзанна оставалась верной женой пастора, поддерживала служение своего мужа, воспитывала двух сыновей, а также создала и поддерживала книжный фонд для пасторов, которые не могли позволить себе купить книги. Ко времени ее смерти этот книжный фонд бесплатно предоставил пасторам более 200 000 изданий. Сюзанна написала несколько духовных книг, а также внесла вклад в написание биографии Чарльза после его смерти в 1892 году[77]. Эта женщина не позволила физическим страданиям разрушить свою надежду и плодотворность на ниве Божьего Царства.

Джордж Вашингтон Карвер родился в 1860-х годах в семье рабов и впоследствии посвятил свою жизнь Христу. Несмотря на то, что он на личном опыте испытал ужасные проявления расовой несправедливости, он усердно учился и заработал репутацию выдающегося ботаника и изобретателя. Благодаря своей блестящей карьере преподавателя и исследователя в Институте Таскиги в Алабаме Карвер добился известности и влияния в стране. Он посвятил свою жизнь тому, чтобы положительно влиять на других своими новаторскими исследованиями, и сознательно основал свой научный подход на библейских принципах. Он никогда не позволял суровой реальности взять над ним верх, но вместо этого ясно свидетельствовал о надежде и вере и жил ради Божьей славы[78].

В 1955 году Джим Эллиот и четверо других миссионеров были зверски убиты в Эквадоре местными жителями, которым они несли Благую Весть. Молодые жены миссионеров

---

[77] Banner of Truth. "Susannah Spurgeon." https://banneroftruth. org/us/about/banner-authors/susannah-spurgeon/ (дата обращения: 06.06.2020).

[78] Perry, J. (1999). *Unshakeable Faith* (Sisters, OR: Multnomah Publishers, Inc.).

испытали боль утраты и одиночества — поистине суровую реальность. Однако последователи убитых служителей имели надежду, основанную на всевластии любящего Бога. Хорошо известная история мученической смерти этих пятерых человек оказала огромное влияние на весь христианский мир, вдохновив бесчисленное количество людей посвятить свою жизнь полновременному христианскому служению. В частности, вдова Джима Элизабет долгое время плодотворно служила в качестве христианской писательницы и спикера на конференциях. Ее служение было мощным свидетельством о верности Бога. Реальность, с которой столкнулась Элизабет, не разрушила ее надежду.

У нас есть много других современных примеров этого баланса, которые также вдохновляют нас. Джони Эрексон Тада страдает параличом четырех конечностей со времени несчастного случая при нырянии в воду в 1967 году. Такое всеобъемлющее страдание дано пережить очень немногим. Тем не менее, несмотря на эти трудности, Джони стала источником невероятного вдохновения для бесчисленного количества людей, потому что она живет верой в своего Спасителя и надеждой на Него, как и ее муж Кен. Джони — талантливая художница, известная писательница, певица, радиоведущая и спикер на конференциях. В 1979 году она основала миссию «Джони и друзья», которая осуществляет сегодня различные проекты для помощи людям с физическими ограничениями по всему миру [79].

В 2008 году в возрасте двадцати шести лет Кэтрин Вульф перенесла обширный инсульт ствола головного мозга, который

---

[79] Более подробную информацию вы найдете по ссылке: www.joniandfriends.org.

чуть не лишил ее жизни. Она чудом выжила, и, хотя продолжала испытывать физические последствия инсульта, Кэтрин и ее муж Джей начали служение инвалидам и их семьям. Кэтрин является автором и спикером на конференциях и несет свое послание надежды многим людям[80]. Вполне объяснимо, что служение Кэтрин и Джея называется «Надежда исцеляет», и вряд ли можно придумать лучшее название для этого служения. Надежда, библейская надежда, надежда на Иисуса Христа исцеляет. Но самое главное, она исцеляет наши души и дает силу и способность справляться с трудностями в нашей жизни.

КРАЙНОСТИ

В чем проявляется нарушение баланса между реальностью и надеждой? Какие признаки могут свидетельствовать об этом? Если вы слишком зациклены на реальности, в вашей жизни могут наблюдаться следующие явления:

- скептицизм (цинизм или пессимизм);
- горечь;
- отчаяние (депрессия).

Если же вы чрезмерно акцентируете внимание на надежде, вам может быть свойственно следующее поведение:

- наивность;
- глупый или необоснованный оптимизм;

---

[80] Более подробную информацию вы найдете по ссылке: www.hopeheals.com.

- нежелание принимать реальность по причине незрелости.

НАДЕЖДА, КОТОРАЯ ИМЕЕТ НАСТОЯЩЕЕ ОСНОВАНИЕ

Слова великого гимна напоминают нам чрезвычайно важную истину: «Лишь во Христе надежда есть» [81]. В отличие от реальности этого мира, наша надежда, основанная на Боге, становится реальностью для себя самой. Эта надежда основана на абсолютной истине, и поэтому мы можем полагаться на нее. Это «настоящая» реальность! Неизменная причина, по которой у нас есть и всегда будет надежда, состоит в том, что у нас есть благой Бог, Который любит нас независимо от обстоятельств. Об этом нам напоминает отрывок из Второй книги Царств:

> Итак, Господи мой, Господи! Ты Бог, и слова Твои непреложны, и Ты возвестил рабу Твоему такое благо! (7:28)

Мы находим эти же мысли в прекрасных поэтических образах в последних строфах одного гимна:

> Друг, найди надежду в Иисусе:
> Верен в Слове вечный Господь.
> Щедро изливает благодать Христос
> И дарует сердцу покой.

О великая благость Иисуса!
Мне достаточно жертвы Его!
Пусть позволит Бог мне до конца моих дней
Верить в благость Иисуса![82]

Для личного размышления и применения

ГЛАВА 7. РЕАЛЬНОСТЬ И НАДЕЖДА

1. Прочитайте Бытие 45:3—8. Какова наша естественная греховная реакция на грех, который кто-то совершает против нас? Какую истину о Боге усвоил Иосиф, благодаря которой он отвечал своим братьям словами, записанными в Бытии 50:20? Обижали ли вас когда-нибудь другие люди? Как вы реагировали на это? Какой урок вы извлекли из этого?

2. Прочитайте Псалом 3 и опишите трудную ситуацию, в которой находился Давид. Что он возвещал о Господе в этом псалме и как это знание давало ему надежду? Какие истины о Боге вселяют надежду в вас?

3. Изучите Римлянам 12:17—21. Можете ли вы вспомнить ситуацию из вашей жизни, когда вы смогли победить зло добром? Может, вы сейчас находитесь в обстоятельствах, в которых вам необходимо применить этот принцип?

[82] Aghajanian, F., Druery, H., Farren, M., Maxwell, J., Robinson, J., and Thompson, R. (2018). "The Goodness of Jesus." http://www.cityalight.com/wp-content/uploads/2018/12/The-Goodness-of-Jesus-Lead-Sheet.pdf.

4. Апостол Павел претерпевал большие трудности в своей жизни, но при этом твердо уповал на Господа. Прочтите следующие отрывки и выскажите свои мысли по поводу того, знание каких истин о Боге помогло апостолу устоять в испытаниях (1 Кор. 2:4–5; 2 Кор. 1:8–10; 12:9–10; Еф. 3:16–20).

5. Такие духовные дисциплины, как изучение Библии и молитва, необходимы нам для того, чтобы сохранять надежду посреди испытаний. Поделитесь некоторыми стихами из Писания, которые больше всего воодушевили вас во времена страданий. Как мы можем обретать надежду, открывая свои тяготы Господу в молитве?

6. Римлянам 8:28 уверяет нас в том, что Бог проявляет Свое всевластие в любых жизненных обстоятельствах ради нашего блага. Что сказано в стихе 29 об окончательной цели Бога относительно нашей жизни? Вспомните ситуацию, в которой вы не понимали, как происходящее может обернуться чем-либо хорошим. Поделитесь полезными уроками, которые вы сейчас можете извлечь для себя из той ситуации.

Все, что может рука твоя делать, по силам делай…

Екклесиаст 9:10

Ибо мы — Его творение, созданы во Христе Иисусе на добрые дела…

Ефесянам 2:10

…Для чего я и тружусь и подвизаюсь силою Его, действующею во мне могущественно.

Колоссянам 1:29

…Чтобы ты воинствовал… как добрый воин…

1 Тимофею 1:18

Народ! надейтесь на Него во всякое время; изливайте пред Ним сердце ваше: Бог нам прибежище.

Псалом 61:9

Надейся на Господа всем сердцем твоим, и не полагайся на разум твой.

Притчи 3:5

Благословен человек, который надеется на Господа, и которого упование — Господь.

Иеремия 17:7

ГЛАВА 8
ДЕЙСТВИЕ И ДОВЕРИЕ

Мой отец большую часть своей жизни проработал преподавателем по гражданскому строительству, но одним из его увлечений было пилотирование небольших самолетов. Когда я училась в начальных классах школы, он получил летную лицензию. Благодаря этому отец периодически летал на различные строительные площадки по всему Техасу, где работал инженером-консультантом. Время от времени в такие поездки папа брал с собой маму, мою старшую сестру и меня. В сознании восьмилетнего ребенка полеты на самолете были, пожалуй, самым захватывающим занятием во всем мире, и я была слишком мала, чтобы представлять себе, насколько это может быть рискованно и опасно. Мне нравился громкий шум и наклон самолета, когда мы поворачивали. Особенно нравилось, когда папа предлагал мне взяться за штурвал второго пилота и просил «помочь» ему управлять самолетом!

Естественно, все самолеты — как небольшие частные, так и более крупные военные или коммерческие — должны соответствовать строгим нормам. К примеру, механики аэропорта соблюдают строгий график технического обслуживания самолетов. Регулярные проверки оборудования включают в себя тщательный осмотр двигателей, шасси, панелей управления и других важнейших систем самолета [83].

Кроме того, у пилотов есть определенный набор обязанностей, связанных с безопасностью пассажиров. Прежде чем подняться в воздух, они должны провести основательную проверку самолета, которая называется «предполетным осмотром». В ходе этого осмотра пилот тщательно изучает текущие погодные условия, а также получает информацию о возможных временных ограничениях на полеты. Кроме того, пилоту необходимо подробно заполнить большое количество документации. В конце осмотра он проводит тщательную проверку внешнего и внутреннего состояния самолета. Если в результате этого всестороннего осмотра подтвердится, что все системы самолета готовы к полету, пилот может выехать на взлетно-посадочную полосу и ждать разрешения на взлет. Но даже в этом случае добросовестный пилот остается начеку и перепроверяет основную информацию на протяжении всего полета [84].

Несмотря на то, что механики и пилоты делают все возможное, чтобы гарантировать безопасность своих пассажиров, мы понимаем, что невозможно предсказать или проконтролировать каждый фактор, который может повлиять на состояние самолета. Наступает момент, когда каждый пассажир должен просто поверить в то, что соблюдены все

[83] Adams, E. (2018). "Getting on a Plane? Here's How They're Inspected to Keep You Safe." *Popular Science* (May 22). https:// www.popsci.com/faa-commercial-air-line-plane-inspections/.

[84] Johnston, M. (2018). "Airplane Preflight." *CALAERO Blog* (May 24). https://calaero.edu/airplane-preflight-checklist/.

меры предосторожности для обеспечения безопасности полета. Авиапассажирам необходимо сделать серьезный шаг веры, если они хотят летать без страха и беспокойства. Однако, когда я в детстве летала с отцом, я не надеялась ни на оборудование, ни на техническое обслуживание, ни на проверку безопасности. Я просто верила, что обо всем уже позаботились. Эта вера коренилась в осознании невыразимой, глубокой истины: пилот — мой отец. Я знала, что, пока я с ним, со мной все будет в порядке. Поэтому мое спокойное доверие к любящему отцу полностью развеяло все мои страхи.

В последней главе этой книги мы рассмотрим тему, которая затрагивает все уголки нашей жизни. Это непрекращающийся и неослабевающий конфликт между действием (стремлением сделать все от нас зависящее) и просто доверием Богу. Много раз в жизни мы сталкивались с ситуациями, когда мы подробно изучали какой-либо вопрос, обращались за советом к другим людям, изучали Писание и молились. Но наши обстоятельства не менялись. В такие моменты мы должны верить, что Господь действует непостижимым для нас образом. И все же доверие не отменяет того факта, что мы несем ответственность за то, на что можем повлиять.

Таким образом, каждый день своей жизни мы имеем дело с двумя сторонами одной медали — действием (усилием) и верой (ожиданием). Хочу пояснить, что я не имею в виду здесь вопрос спасения. Мы не прилагаем усилия для того, чтобы спастись. По Своей безмерной и непостижимой милости Бог возрождает нас и приводит к покаянию и вере. Он дарует нам спасение исключительно по благодати. Поэтому, когда я говорю о сочетании действия и доверия, я имею в виду, что, с одной стороны, мы позволяем Богу совершать освящающее действие в нас, а с другой, сами совершаем собственное освящение и несем ответственность за то, как мы живем на этой земле.

В этой главе мы коснемся некоторых вопросов, которые затрагивали ранее, когда размышляли о правильном балансе между ощущением реальности и надеждой. Но здесь мы более конкретно поговорим о практическом выборе, который делаем в жизни, а также о необходимости постоянно соблюдать баланс между действием и доверием.

СТЕНА НЕЕМИИ

Пример сочетания этих взаимодополняющих понятий можно найти в Книге Неемии. К сожалению, из-за неверности Израиля Богу и Северное, и Южное царство были завоеваны другими народами, а евреи уведены в плен. Много лет спустя (ок. 539 г. до Р. Х.) персидский царь Кир, движимый всевластной рукой Бога, издал указ о том, что пленные евреи могут вернуться в Иерусалим, чтобы восстановить храм, а также возродить национальные праздники и жертвоприношения. Возвращение евреев из плена на родину происходило в три этапа. Неемия был их предводителем во время третьего этапа возвращения (ок. 445 г. до Р. Х.), когда евреи восстанавливали стены Иерусалима, разрушенные вавилонянами в 587–586 гг. до Р. Х.

Как только Неемия прибыл в Иерусалим, он столкнулся с сопротивлением со стороны врагов Иуды, которые хотели помешать восстановлению Иерусалима под властью иудеев [85]. В Неемии 4:8 сказано, что противники «сговорились все вместе пойти войною на Иерусалим и разрушить его». Неемия тщательно изучил ситуацию и принял мудрое решение: «И мы молились Богу нашему, и ставили против них стражу днем и ночью…» (ст. 9). Итак, первое, что делали евреи, — молились Богу и искали у Него помощи и защиты. Но они делали не только это. Помимо этого, Неемия поставил народ по семьям в стратегически важных местах на стене, вооружив их мечами, копьями и луками. В стихе 14 мы видим, как он воодушевлял своих единоплеменников: «Не бойтесь их; помните Господа великого и страшного и сражайтесь за братьев своих, за сыновей своих и за дочерей своих, за жен своих и за домы свои». С одной стороны, Неемия увещевал их помнить о Божьей силе и полагаться на Него. С другой, они также должны были сражаться изо всех сил с врагами, если те нападут на стену. Вот чем все закончилось:

> *С того дня половина молодых людей у меня занималась работою, а другая половина их держала копья, щиты и луки и латы; и начальствующие находились позади всего дома Иудина. Строившие стену и носившие тяжести, которые налагали на них, одною рукою производили работу, а другою держали копье (ст. 16–17).*

Несомненно, Неемия понимал, что необходимо соблюдать баланс между действием и доверием! В этой ситуации Бог сыграл свою роль, а Иуда — свою. В результате, несмотря

---

85   Got Questions. "Who were Sanballat, Tobiah, and Geshem?" https://www. gotquestions.org/Sanballat-Tobiah-Geshem.html (дата обращения: 21.09.2020).

насильноепротивостояние,евреямудалосьотстроитьсте-
нуИерусалимазапятьдесятдвадня,чтобылопоразитель-
ным достижением.

НЕПРЕКРАЩАЮЩИЙСЯ КОНФЛИКТ

Другие отрывки, в которых говорится о необходимости
такого баланса, мы находим в Псалмах и Притчах. Пса-
лом126:1напоминаетнам,что«еслиГосподьнесозиждет
дома, напрасно трудятся строящие его». Да, мы должны
трудиться,ноодногонашеготруданедостаточно.Мыдолж-
ны выполнять возложенные на нас обязанности, но при
этом по-прежнему активно действует Бог. В Книге Прит-
чейотмечается,чтоОн«щитдляходящихнепорочно»(2:7).
Мы призваны жить свято и быть честными (Пс. 14:1–5;
2 Кор. 1:12; Флп. 2:15), а Господь обещает, что Он будет
длянасщитом.Этокажущеесяпротивопоставлениепроил-
люстрированотакжевдругомотрывкеизКнигиПритчей:
«НадейсянаГосподавсемсердцемтвоим,инеполагайсяна
разумтвой.ВовсехпутяхтвоихпознавайЕго,иОннаправит
стезитвои»(3:5–6).Мыпризваныдоверять Емуиполагать-
сянаНего,аОн,всвоюочередь,будетнаправлятьнашипути.
Мыделаемсвоючасть,аОн—Свою.Наконец,мынаходим
похожий принцип в Притчах 21: «Коня приготовляют на
день битвы,но победа — от Господа» (21:31). Безусловно,
мыответственнызато,чтобыблагоразумноготовитьсякбу-
дущему. Однако исход событий всегда в Божьих руках.
    Новый Завет также утверждает эти принципы. В 1 Ко-
ринфянам 3:6–7 апостол Павел описывает духовную работу,

проделанную в коринфской церкви. Обобщая суть сказанного, он говорит, что он «насадил», а его соработник по служению Аполлос «поливал». Однако Павел подчеркивает, что в конечном счете именно Бог возрастил то, что делали люди. Вне всякого сомнения, мы должны верно провозглашать Евангелие, но мы никогда не должны забывать, что только Господь дарует спасительную веру и покаяние духовно мертвой душе. Хотя Бог не нуждается в нас в этом деле, Он решил действовать через людей и позволил Своим детям участвовать в возвещении Благой Вести другим. Таким образом, совершенный Божий замысел предполагает участие как человека, так и Бога.

Кроме того, о совместных действиях Бога и человека упоминается в Ефесянам 2:10, где сказано, что мы созданы на добрые дела. Будучи верующими, мы знаем, что совершение добрых дел должно быть отличительным признаком нашей жизни — это поручение, которое мы должны верно и послушно исполнять. Однако этот стих ясно показывает, что прежде совершения добрых дел мы уже были Божьим творением. Для этого Он и сотворил нас во Христе Иисусе и предопределил для нас добрые дела. Он делает Свою часть, а мы — свою!

Эта тема рассматривается также в Послании к Филиппийцам. В стихах 12–13 второй главы Павел повелевает нам «совершать свое спасение», но затем сразу же напоминает, что это действие Бога в нас. Позже, в главе 4, апостол говорит о нашей нужде в молитве. Мы должны сопротивляться постоянному искушению впадать в беспокойство, но вместо этого со смирением приходить к нашему Отцу в молитве. В чем заключается ответственность Бога? Он обещает, что, если мы будем стремиться исполнять это повеление, по Своей благодати Он дарует нам сверхъестественный, превосходящий понимание мир, который соблюдет наши сердца и помышления во Христе Иисусе (4:6–7).

Один из отрывков, который непосредственно описывает сочетание действия Бога и наших усилий, мы находим в Колоссянам 1:29: «...для чего я и тружусь, и подвизаюсь силою Его, действующею во мне могущественно». Как и Павел, мы трудимся; мы определенно прилагаем усилия. Но если наша цель — прославить Господа, то все наши стремления, все наше послушание, все наши действия должны исходить из действия силы Святого Духа, Который обитает в нас.

В 1 Тимофею 6:11–12 Павел дает Тимофею четкие повеления: он должен избегать греха; преуспевать в праведности, благочестии, вере, любви, терпении и кротости; подвизаться добрым подвигом веры. Мы, верующие, также должны исполнять эти повеления. Но затем, в стихе 12, апостол также напоминает нам о роли Бога в этом процессе: «...держись вечной жизни, к которой ты и призван...» Мы послушны Богу потому, что призваны к вечной жизни Господом Иисусом Христом. В этом заключается действие со стороны нашего Господа, и это то, что мотивирует и укрепляет нас в выполнении обязанностей со своей стороны и, следовательно, в подчинении заповедям Писания.

Последний отрывок, который мы рассмотрим, записан в Иакова 4:13–15, где говорится о наших целях в отношении будущего. У нас могут быть самые разные планы, но Иаков отрезвляет нас напоминанием о том, что мы понятия не имеем, какие события принесет нам завтрашний день. Поэтому вместо того, чтобы с гордостью думать, что мы можем сделать все, что захотим, будет мудрее сказать: «Если угодно будет

Господу и живы будем, то сделаем то или другое» (ст. 15). Бог дает нам большую свободу в этом временном мире, чтобы мы развивали данные Им способности и таланты, достигали целей и стремились жить в послушании Ему и ради Его славы. Это наша ответственность, но Господь всегда руководит нами и направляет наши шаги, поэтому мы должны подчинять свои планы Его мудрому и любящему провидению.

Все эти места Писания иллюстрируют истину о том, что, с одной стороны, мы действуем, а с другой, доверяем все Богу. Из этого можно сделать следующий вывод: мы должны прилагать все усилия, чтобы верно служить Господу, но при этом доверять Ему на каждом шаге этого пути. Тем не менее, если говорить честно, большинство людей согласятся с тем, что в силу нашей человеческой природы, которая стремится к самодостаточности, мы имеем естественную склонность к действию. Говоря в общем, гораздо проще постоянно чем-либо заниматься и что-либо делать, чем просто ожидать и верить. Это можно назвать «синдромом Марфы».

В евангельском повествовании о жизни Иисуса мы знакомимся с Марией и ее старшей сестрой Марфой. Вместе со своим братом Лазарем они были близкими друзьями Иисуса Христа. В Луки 10:38—42 мы находим повествование о том, как Иисус однажды посетил их. Пока Марфа служила гостям, Мария просто сидела у ног Господа и слушала Его слова. Это расстроило Марфу до такой степени, что в конце концов она упрекнула Иисуса в этом и, по сути, приказала Ему, чтобы Он повелел ее младшей сестре помочь ей. Слова Марфы поистине шокируют нас, потому что мы знаем, что она разговаривала с Богом во плоти! Тем не менее Иисус перешел прямо к сути дела и с кротостью и благодатью сказал Марфе такие слова: «Марфа! Марфа! ты заботишься и суетишься о многом, а одно только нужно; Мария же избрала благую часть, которая не отнимется у нее» (ст. 41—42). Послушайте наблюдения Чарльза Сперджена по поводу этой истории о Марии и Марфе:

> *Не в том была ее вина, что она усердно старалась… Мы должны делать все, что в наших возможностях и в наших силах… Нельзя винить ее и в том, что она увлеклась приготовлением трапезы для Господа… Вина ее состояла лишь в том, что, чрезмерно увлекшись обслуживанием, она забыла о Том, для Кого старалась, и помнила только о своих заботах… Одну обязанность предпочла другой. Мы должны быть сочетанием Марфы и Марии: в равной степени и служить, и общаться. Для этого нам потребуется немало благодати. Легче служить Господу, чем поддерживать с Ним постоянное общение [86].*

Сперджен понимал, что гораздо проще быть Марфой, чем Марией. Мы от природы склонны не верить, а действовать. Учитывая эту склонность, давайте теперь более подробно рассмотрим такой сложный вопрос, как доверие Богу.

МОЖНО ЛИ ДОВЕРЯТЬ БОГУ

Нам необходимо доверять Богу, потому что мы живем в греховном мире, а это значит, что мы будем регулярно сталкиваться с ситуациями, которые полностью находятся

---

[86] Сперджен, Ч. (2020). *Утром и вечером. Чтения на каждый день* (январь 24, вечер) (Здолбунов, Левит). С. 55.

вненашегоконтроля. Единственное, в чем мы можем быть
уверены в этой жизни, — это то, что рано или поздно мы
все столкнемся с неприятностями (Иов 5:7). Жизнь тяже-
ла. Человеку суждено испытать не только физическую боль,
но и боль душевную и эмоциональную — муки сожаления,
огорчение из-за упущенных возможностей и несбывшихся
мечтаний, скорбь утраты и смерти. Примечательно, что
апостол Иаков говорил: «...когда впадаете в различные искушения...», а не «если» (Иак. 1:2, курсив автора). Он не
сомневался, что в жизни каждого человека наступят испытания. Апостол Петр также говорил, что нам не стоит удивляться тому, что мы страдаем (1 Пет. 4:12–13). Особенно
когда мы переживаем великое горе, мы можем оказаться
в состоянии, когда просто не знаем, что делать. Но это состояние побуждает нас двигаться к противоположной стороне баланса и указывает на глубочайшую нужду в доверии
Богу.

Суверенная власть над всем

В своей прекрасной книге «Доверие Богу» Джерри Бриджес
пишет, что, если мы хотим доверять Богу посреди невзгод,
мы должны верить в три истины: Бог — вседержитель; Бог
обладает безграничной мудростью; Бог совершенен в любви[87]. В предыдущей главе книги мы коснулись темы Божьего всевластия в контексте разговора о надежде. Теперь мы
убедимся в том, что вера в Божье всевластие непосредственно связана с доверием Богу. Убежденность верующих в том,
что любящий Отец все контролирует, изменяет мир. В книге «Мысли о Боге» Морис Робертс отмечает: «Слова "все

---

[87] Бриджес Джерри. Можно ли в беде положиться на Бога. Триада, 2005. С. 15.

содействует ко благу" (Рим. 8:28) — это для нас не просто сердечное лекарство. Это эликсир жизни»[88]. Можно сказать, что суверенность Бога — это истина, которая в корне меняет положение вещей. Как мы убедились, когда мы признаем, что все содействует нам ко благу и к Божьей славе, мы понимаем, что даже самые сложные ситуации находятся под полным контролем Бога. И уверенность в этом постоянно придает нам сил в борьбе.

Поразмышляйте над следующими ободряющими словами о Божьей суверенности и Его способности с любовью контролировать мельчайшие детали нашей жизни:

> *Ничто — никакие обстоятельства, неприятности или испытания — не коснется меня до тех пор, пока оно не пройдет мимо Бога и мимо Христа, а затем придет ко мне. А если все это наконец достигнет меня, значит, оно послано в мою жизнь с великой целью, которой я, возможно, пока что не могу понять. Но когда я отказываюсь паниковать, поднимаю взор к Богу и принимаю это как благословение моего сердца, исходящее от Божьего престола ради некой великой цели, никакая печаль не потревожит меня, никакое испытание не обезоружит меня, никакие обстоятельства не заставят меня волноваться...*[89]
>
> *Суверенность Бога — это единственная несокрушимая скала, к которой должно прильнуть страждущее человеческое сердце. Обстоятельства, окружающие нашу жизнь, не случайны. Они могут возникнуть в результате козней зла, но наш всевластный Бог крепко держит это зло в Своей могучей*

[88] Робертс, М. (1997). *Мысли о Боге* (Одесса, Христианское просвещение). С. 15.
[89] AZ Quotes. "Alan Redpath Quotes." https://www.azquotes. com/author/24224-Alan_Redpath (дата обращения: 26.06.2020).

руке… Всякое зло подвластно Ему, и оно не может коснуться Его детей, если Он не допустит этого [90].

Какими бы ни были обстоятельства, Христос уверяет нас, что наши дни в Его руке (Пс. 30:16). Нам нужно жить только сегодняшним днем (Мф. 6:34), а Бог никогда не даст нам такого испытания, которого мы не сможем вынести (1 Кор. 10:13). Мы не всегда можем постичь Его замысел, и эта неизвестность напоминает нам о том, что это еще не конец нашей истории.

Три главных вопроса

Много лет назад мы с мужем беседовали на тему суверенности Бога и в ходе разговора сформулировали три вопроса, которые впоследствии назвали «тремя главными вопросами». Мы пришли к выводу, что их очень полезно задавать себе, когда попадаешь в сложные жизненные ситуации. Первый вопрос звучит так: «Мог ли Бог остановить это?» Под «этим» подразумеваются действия людей, события или совокупность обстоятельств. Речь идет об овсем, что вызывает у вас расстройство, разочарование, печаль или причиняет вам боль. На первый вопрос мы всегда уверенно отвечаем «да»! Бог — суверенный Владыка вселенной. Он может сделать все, что пожелает (Иов 42:2; Пс. 102:19; 113:11). Второй вопрос, который нужно себе задать: «Остановил ли Он это?» Этот вопрос отрезвит ваш разум, потому что, если вы проходите через испытание, очевидно, вы ответите на него отрицательно. Бог не остановил зло и не изменил ситуацию,

---

[90]   Clarkson, M. (1985). *Grace Grows Best in Winter* (Grand Rapids, MI: Wm. B. Eerdmans). С. 40–41.

хотя мог бы это сделать. Третий вопрос самый важный: «Почему нет?» Пожалуй, лучше сформулировать этот вопрос так: «Что Бог делает?» или «Чему Он учит меня?»

Если вы хотите научиться больше доверять Богу, вы должны принять глубокие истины, которые содержат ответы на эти три вопроса. Неоспоримая истина в том, что Бог мог бы легко предотвратить или остановить любую беду, с которой вы столкнулись, но Он в Своем всевластии решил этого не делать. Поскольку у нас есть библейское обетование о том, что Божий путь непорочен (Пс. 17:31), нам остается признать, что Он достигает Своих самых благих и наивысших целей через это испытание, а не через его устранение. Если вы поверите в это, кардинально изменится ваш взгляд не только на собственные страдания, но и на все аспекты вашего путешествия по этой жизни. Ошеломляющая истина о Божьей суверенной власти станет призмой, сквозь которую вы будете смотреть на каждое конкретное обстоятельство своей жизни. Но даже когда мы уверены, что у Господа все под контролем, к сожалению, иногда нет простых ответов на сложные жизненные вопросы. И все же самые тяжелые испытания нам гораздо легче переносить тогда, когда мы признаем, что Бог использует их в Своем домостроительстве во благо нам. Более того, принятие Божьего всевластия иногда является единственным средством, которое помогает нам перенести тяжелейшие страдания.

Одно из главных благословений, которые мы имеем, когда покоимся в вере в Божье провидение, заключается в том, что эта вера избавляет нас от сомнений в выборе. Мы перестаем задавать себе вопрос: «А что, если?», который порой не дает нам преодолеть мучительное сожаление о наших решениях в прошлом. Это сожаление может мешать нам прилагать усилия в вере. Однажды моя старшая дочь кротко напомнила мне: «Нет никаких "а что, если". Есть только то, что есть». А то, что есть, свидетельствует о совершенной предопределяющей Божьей воле относительно нас в этот момент. Никогда не забывайте: Бог мог остановить это. У Него есть сила делать что угодно. Бог мог бы изменить наше мышление, наше мировоззрение или решение, которое мы приняли. Но Он этого не сделал. Несмотря на то, что мы иногда не понимаем, что Он делает, наша задача — просто верить, что все, что Он избрал, является для нас самым лучшим. Затем на основании этой веры мы должны совершать необходимые действия.

Мудрость, превосходящая наше понимание

Как упоминалось ранее, в своей книге Джерри Бриджес поясняет, что одним из необходимых условий доверия Богу является вера в то, что Он безграничен в Своей премудрости. Как мы можем постичь хотя бы малую часть премудрости нашего всеведущего, всемогущего Бога? Апостол Павел восклицает в Римлянам 11:33: «О, бездна богатства и премудрости и ведения Божия! Как непостижимы судьбы Его и неисследимы пути Его…» В Псалме 146:5 говорится, что «разум Его неизмерим». В Книге Притчей мы также находим слова восхищения великой премудростью Господа (2:6; 3:19; 8:22—30).

Как же тогда получается, что мы так легко начинаем возмущаться по поводу того, что Бог допускает в нашей жизни? Разве мы на самом деле думаем, что мы мудрее Бога? Как видно из предыдущей главы, Божьи мысли и пути неизмеримо выше наших (Ис. 55:8—9), поэтому нас не должно удивлять, если они часто сбивают нас с толку. Вот истина, которая может беспокоить нас, но которая совершенно ясно вытекает из Писания: Господь в Своей великой премудрости часто использует страдания для достижения Своих божественных целей (Пс. 118:67, 71).

Почему это так важно? В идеальном случае в жизни верующих людей должен наблюдаться постоянный духовный рост по мере того, как они возрастают в глубоком познании Бога и Его Слова под действием Святого Духа, Который обитает в них. К сожалению, поскольку в нас действует закон греха (Рим. 7:23), мы постоянно испытываем искушение жить независимо от Господа и гордо идти своим путем. Это трудно признать, но иногда нам необходимы трудности в жизни. Вспомните слова одного старого гимна: «Мы так склонны заблуждаться, уходить с Твоих путей»[91]. Мы любим своего Спасителя, но так легко отвлекаемся на соблазны этого обманчивого мира. Как объяснялось в главе 7, когда на нашем пути встречаются испытания, они привлекают наше внимание, смиряют нас и призывают вернуться к подчинению Божьему Словусᵐ покаянием и послушанием. Страдание — чрезвычайно действенный инструмент в руках мудрого и любящего Отца. Настоящие, серьезные изменения часто происходят в условиях больших трудностей, и такие жизненные уроки никогда не забываются. Вне всякого сомнения, это самый тяжелый путь. Насколько же легче будет нам, если наше сердце постоянно будет сокрушаться Божьим Словом, ведь тогда Богу не нужно будет посылать в нашу жизнь тяжелые обстоятельства, чтобы сокрушить нас.

---

[91] «Дух Святой, Дух благодати». Песнь возрождения № 647 (Robinson, R. (1758). "Come Thou Fount of Every Blessing." Public Domain).

Автор Послания к Евреям дает нам обнадеживающее наставление: иногда наши трудные обстоятельства просто свидетельствуют о том, что наш небесный Отец милосердно нас наказывает. В Евреям 12:6 сказано: «Ибо Господь, кого любит, того наказывает…» Конечной целью Божьего наказания является наша святость и «мирный плод праведности», который оно доставляет наученным через него (Евр. 12:10—11). Кроме того, в псалмах мы читаем, что Господь посылает нам бедствия и тогда, когда мы верны Ему (Пс. 118:75). Как говорит Бриджес: «Бог точно знает, какими хочет нас видеть, и точно знает, какие обстоятельства — хорошие или плохие — могут произвести в нас желаемый результат»[92]. Наш Отец сделает все возможное, чтобы уподобить нас образу Своего Сына (Рим. 8:29), потому что нет большего блага, чем это. Господь не всегда дает нам то, чего мы хотим; Он дает нам то, в чем мы нуждаемся. И никто не знает, в чем мы нуждаемся, лучше Того, Кто нас сотворил.

Джони Эрексон Тада ободряет нас своими размышлениями о невообразимой премудрости и чудесном провидении Бога в нашей жизни:

>> *Говорю вам, если бы мы могли наблюдать за тем, как Бог действует «за кадром», мы бы узнали много нового о чудесах. Премудро задуманные, точно просчитанные невидимые дела нашего великого Бога — вот настоящая драма. Между тем Он просто хочет, чтобы мы доверяли Ему… Если мы неспособны постичь Его дела, это не значит, что это неправда или что это чудо не такое большое* [93].

---

[92]   Бриджес Джерри. Можно ли в беде положиться на Бога. Триада, 2005. С. 117.
[93]   Tada, J. E. (2010). *A Place of Healing* (Colorado Springs, CO: David C. Cook). С. 60–61.

Если вы сейчас всеми силами пытаетесь довериться Господу в конкретной ситуации, если вы боретесь за веру в то, что Бог совершает Свое премудрое дело в вашей жизни, тогда позвольте мне напомнить вам о библейском персонаже, который переживал подобные трудности. Его зовут Иов, и большинство из нас согласились бы, что наши трудности не идут ни в какое сравнение с его страданиями. Он лишился богатства, средств к существованию, детей, здоровья. Все, что у него осталось, — это жена, которая советовала ему похулить Бога и умереть (Иов 2:9). В Иова 31 мы читаем, как в муках и отчаянии Иов требует у Господа ответа: «О, если бы кто выслушал меня! Вот мое желание, чтобы Вседержитель отвечал мне…» (31:35). Иов хотел знать, почему Бог допустил эти испытания в его жизни. Вам это знакомо?

Господь проявляет невероятное терпение к Иову, но, наконец, в главе 38 мы видим, как Бог говорит ему: «Кто сей, омрачающий Провидение словами без смысла? Препояшь ныне чресла твои, как муж: Я буду спрашивать тебя, и ты объясняй Мне» (38:2–3). По сути, Бог говорит: «Иов, теперь моя очередь. Позволь-ка Мне задать тебе пару вопросов». Затем в следующих нескольких главах Бог устраивает Иову допрос, задавая ему вопросы, на которые абсолютно невозможно ответить. В Иова 38:4–35 мы находим целый ряд ошеломляющих вопросов, которые Господь задавал ему. Где был Иов, когда Бог полагал основание земли? Где он был, когда Господь наполнял водой могучие океаны и ставил волнам предел на берегу? Разве это Иов повелевал солнцу восходить каждое утро? Разве это он ходил по морским глубинам или видел врата смерти? Знает ли он, где жилище света и тьмы? Разве это Иов поместил созвездия на ночное небо? Отвечают ли ему снег, град и дождь?

Спрашивали ли молнии у Иова, куда им ударить? Бог продолжал задавать Иову вопросы до тех пор, пока тот не смирился и не раскаялся (Иов 39:33–35; 42:1–3). Из этого разговора Бога с Иовом можно сделать поразительный вывод: Господь контролирует все перечисленное, а Иов не контролирует ничего из этого! Господь так и не ответил на вопросы Иова — Он просто показал ему Свою премудрость, силу и власть над всем творением. Иов увидел Бога таким, каким никогда прежде не видел Его, и этого было достаточно (Иов 42:5–6).

Мы должны смиренно усвоить тот же урок, что и Иов. Наш удивительный Бог управляет всей вселенной, и Его премудрости более чем достаточно, чтобы управлять жизнью каждого из нас! Он бесконечен, а мы конечны. Он Бог, а мы нет. В конце концов, нам не нужно знать, почему Бог делает то, что делает; нам просто нужно знать Самого Бога. Джерри Бриджес делает следующее проницательное наблюдение о Божьей премудрости:

> *Мы проявляем неуемное стремление в поисках ответа на вопрос «почему», когда речь заходит о бедах, которые обрушиваются на нас. Но это бесполезное занятие, которое указывает на недостаток доверия Богу. Божьи пути, полные бесконечной премудрости, просто невозможно постичь нашим ограниченным разумом [94].*

Мы должны научиться доверять Божьему характеру больше, чем своей способности различать Его пути. Бог не отвечает на все наши вопросы, потому что мы просто не в состоянии понять многие Его ответы.

---

[94] Бриджес Джерри. Можно ли в беде положиться на Бога. Триада, 2005. С. 117.

Благословения страдания

Поэтому, хотя мы не всегда понимаем, почему так происходит, мы вполне понимаем учение Писания о том, что из наших страданий проистекает множество благ. Через наши мучительные страдания Бог преподает нам бесценные уроки о тайне страдания и его освящающей роли в нашей жизни (Пс. 65:10; 118:67, 71; Еккл. 7:3–4; Рим. 5:3–4; Иак. 1:2–4; 1 Пет. 5:10). Он не просто побуждает нас к более глубокому познанию Своего естества, как в случае с Иовом и Павлом (Иов 42:5, Флп. 3:10). Он также показывает нам, кто мы такие (Втор. 8:2). Бог помогает нам больше полагаться на Него (Пс. 72:25–26, 28; 2 Кор. 12:7–10). Он использует наши душевные страдания, чтобы пробудить в нас сочувствие и сострадание к душевным страданиям других (2 Кор. 1:4–5). Эти благословения бесценны. Говоря о пережитых бедах в своей жизни, Элизабет Эллиот делится с нами свидетельством:

> ❝ *Этот скорбный опыт помог мне узнать Бога… так, как я никогда не смогла бы Его узнать, не случись того, что случилось. И поэтому я могу сказать вам, что страдание — незаменимый посредник, давший мне возможность познать жизненно важную истину* [95].

Удивительная, безграничная любовь

Последний неотъемлемый элемент доверия Богу, о котором упоминает Бриджес в книге «Доверие Богу», — это вера в то, что Бог совершенен в любви. Мы признаем, что

---

[95] Эллиот, Э. (2021). *Страдания никогда не бывают напрасны* (Одесса, Тюльпан). С. 32–33.

Бог обладает абсолютным всевластием. Мы преклоняемся перед Его бесконечной премудростью. Но если мы хотим доверять Ему, нам также необходимо понять, насколько сильно Он любит нас. Согласно Писанию, Господь возлюбил нас вечной любовью (Иер. 31:3) и эта любовь никогда не отступит от нас (Ис. 54:10). Он так сильно возлюбил Свой народ, что, когда мы были еще грешниками, Он послал Своего единственного Сына Иисуса умереть за нас и спасти нас от греха (Рим. 5:8; Ин. 3:16; 15:13). По Своей великой любви Бог оживотворил нас со Христом и посадил с Ним на небесах, чтобы явить нам Свою любовь навеки (Еф. 2:4–7). Божья любовь дарует нам вечное утешение и благую надежду в благодати (2 Фес. 2:16), и ничто и никогда не отлучит нас от Божьей любви (Рим. 8:35–39).

Когда мы переживаем мучительные страдания, легко забыть об этой удивительной любви, которую проявляет к нам Господь. Вот почему так важно укоренять свой разум в Писании. Мы повторяем эти истины снова и снова и держимся их изо всех сил. Отбрасывая сомнения, мы вспоминаем, что Бог сделал для нас (Пс. 76:12–16; 102:2–6). Мы разговариваем сами с собой и напоминаем себе, в чем заключается наша надежда (Пс. 41:6, 12). Мы не считаем, что наши временные обстоятельства показывают, насколько сильно Бог любит нас. Наш мир поражен грехом, исполнен горя, душевных мук и смерти в результате грехопадения. Если мы хотим быть уверенными в Божьей любви, мы должны возвращать свой взгляд к нашему драгоценному Господу Иисусу Христу и Его жертвенной смерти за нас на кресте. В этом проявилась величайшая любовь, которая никогда не угаснет. На самом деле, когда верующий человек борется с гневом на Бога из-за трудных обстоятельств, его главная проблема в том, что ему сложно поверить, что небесный Отец любит его. Когда мы по-настоящему осознаем силу Божьей любви к нам, мы обретаем способность всем сердцем доверять Богу даже в самых сложных ситуациях.

Анна Уоринг, валлийская поэтесса, жившая в XIX веке, глубоко осознавала силу Божьей любви и понимала, как это влияет на ее стойкость в испытаниях:

> *В любви святой покоюсь и не страшусь скорбей.*
> *Я в ней всегда укроюсь от бед и тяжких дней.*
> *И если грянет буря и сердце загрустит,*
> *Все с Господом пройду я, ведь Он мой верный щит [96].*

ЖИЗНЬ В ДОВЕРИИ БОГУ

Учиться, учиться и учиться

Итак, какие признаки в нашей жизни должны указывать на то, что мы стремимся больше доверять Богу? Во-первых, желание учиться. Как уже говорилось в этой главе, мы должны уделять время изучению Божьего Слова (Нав. 1:8; Пс. 118:15; 2 Тим. 2:15). Мы постоянно храним истину в сердце на случай, когда придут трудности. Один пастор однажды сказал мне, что Библии, которые разваливаются от постоянного использования, обычно принадлежат тем людям, которые сами очень крепки! Мы должны быть людьми Слова. Благодаря этому мы учимся богословию и усваиваем

---

[96] The Elisabeth Elliot Newsletter, May/June 1994, elisabethelliot.org/ newsletters/ may-june-94.pdf.

основы христианства. Но самое главное, именно так мы лично познаем Бога и учимся доверять Ему. Из Притчей 22:17–19 мы узнаем об основной цели изучения Писания и Божьей премудрости: «Чтобы упование твое было на Господа…» Мы хотим возрастать в познании Божьего Слова, потому что благодаря этому мы более глубоко и сокровенно познаем Бога, Который оставил нам это Слово. И чем больше мы узнаем Его, тем больше доверяем Ему.

Мы также должны читать хорошие книги: книги, которые помогут нам в изучении Писания; книги, посвященные основным вопросам христианства; а также книги, описывающие качества Бога. Очень важно изучать труды, которые раскрывают Божьи совершенства, потому что такие книги помогают нам лучше осознавать Его величие, а это побуждает нас к большему доверию и большему поклонению Ему. Нам важно осознавать величие Бога, потому что наши проблемы относительны. Зачастую люди, которые борются со страхом, представляют Бога недостаточно великим, и в свете такого представления о Боге их проблемы кажутся непреодолимыми. Но когда мы осознаем, насколько Бог велик, Он избавляет нас от страха и наши проблемы кажутся нам менее серьезными (Втор. 31:8; Пс. 26:1; Ис. 41:10, 13; 2 Тим. 1:7).

Также мы должны слушать Слово, которое верно преподают и проповедуют пасторы. Чем больше мы будем наполнять разум библейской истиной, тем лучше сможем справляться с проблемами этого мира. Поэтому нам просто необходимо быть посвященными членами поместной церкви, если мы хотим постоянно возрастать в познании Писания. Какую бы церковь вы ни посещали, убедитесь, что проповедь Слова в ней является главным, а не второстепенным служением.

Непрестанно молитесь

Если мы стремимся возрастать в доверии Богу, нам необходимо помнить еще о бодной важнейшей составляющей нашей жизни — верной, пламенной молитве. Вполне естественно, что чем более беспомощными мы себя чувствуем, тем больше будем обращаться к небесному Отцу в молитве. Когда неверующие люди в этом мире переживают испытания и беды, они обращаются к кому и к чему угодно, пытаясь облегчить свои страдания. Но мы дети Божьи, и когда нас настигает беда, мы прибегаем к Богу (Пс. 45:2–3; 70:1–3; 120:1–3).

Несмотря на то, что в Писании есть множество повелений о молитве, многие верующие с грустью признают, что молитва — самое слабое звено в их духовной цепи. Тем не менее, как мы увидели в главе 7, это неотъемлемая часть нашей христианской жизни (Кол. 4:2; 1 Фес. 5:17). Джон Райл предупреждает нас о том, что нам необходимо «тщательно проанализировать то, как мы молимся. Если у больного прежде всего проверяют пульс, то христианин должен прежде всего проверить свою молитву. Именно наша молитвенная жизнь показывает, каково наше истинное положение перед Богом»[97]. Алистер Бегг указывает на нашу острую нужду в том, чтобы искать Божьего лица в молитве:

> *Мои молитвы — молюсь я или нет, как долго и о чем бы я ни молился — раскрывают мои приоритеты… Если Павел, «волею Божиею Апостол Иисуса Христа» (Еф. 1:1), знал, что ему нужно преклонять колени пред Отцом (3:4), то что говорить*

---

[97] Райл, Д. (2002). *Размышления над Евангелием от Марка:* (Минск, Завет Христа). С. 27–28.

о нас? Если Иисус Христос, величайший учитель в мире, следовал собственным наставлениям относительно молитвы, как насчет нас? Если Иисус Христос, призванный к миссии, которая изменила не только ход мировой истории, но и всю вечность, находил время для молитвы, почему мы этого не делаем? Если Иисус Христос, Божий Сын, знал, что Ему нужно молиться, то что говорить о нас? [98]

Что же такое молитва? В Вестминстерском кратком катехизисе мы видим следующее определение: «приношение наших желаний Богу о том, что согласуется с Его волей, во имя Христа, с исповеданием наших грехов и благодарным признанием Его милостей» [99]. Морис Робертс дает молитве удивительно простое определение: «Молитва — это естественный отклик сердца обращенного человека на внутреннее желание общения с Богом» [100]. Джоэл Бики и Джоэл Наджапфур делятся с нами размышлениями Жана Кальвина о приоритете молитвы, которые не теряют своей актуальности:

> *В молитве мы беседуем и общаемся с нашим небесным Отцом... Подобно Христу в Гефсимании, мы приносим наши желания, воздыхания, тревоги, страхи, надежды и радости в лоно Божие... В Божьих объятиях нам позволено изливать терзающие нас муки, чтобы Он развязал узлы, которые мы не*

---

[98] Begg, A. (2019). *Pray Big: Learn to Pray Like an Apostle* (The Good Book Company). С. 22.

[99] Вестминстерский краткий катехизис. Вопрос 98 (https://www.reformed.org.ua/2/157/).

[100] Roberts, M. https://mauriceroberts.org/blog/2017/8/28/getting-started-in-prayer.

можем развязать… Молитва — это важнейшая часть христианской жизни; это источник жизненной силы для каждого истинного верующего [101].

Жан Кальвин написал эти слова в XVI веке, но сегодня мы по-прежнему взываем к Богу, приходя к Нему с нашими глубокими душевными муками и «узлами, которые мы не можем развязать». Поэтому, если мы стремимся доверять Господу, молитва должна быть приоритетом в нашей жизни. В Псалме 61 мы видим, что повеление доверять Богу неразрывно связано с призывом изливать сердце перед Ним: «Народ! Надейтесь на Него во всякое время; изливайте пред Ним сердце ваше: Бог нам прибежище» (61:9).

У нас, верующих, есть невероятная привилегия: мы можем приносить свои бремена к Господу и возлагать их на Него (Пс. 54:23). Мы просим Бога помочь нам жить в святости и послушании (Пс. 65:18; Иак. 5:16). Мы с уверенностью обращаемся к Отцу в молитве и прошении с благодарением (Флп. 4:6—7; Евр. 4:16), а затем терпеливо ждем. Мы знаем, что Бог суверенен, но все равно приходим к Нему со своими мольбами, потому что, как напоминает нам Дональд Карсон, «Господь есть Бог как отвечающий на молитвы, так и абсолютно всевластный и неизменный» [102]. Мы молимся о Божьей воле и славе, молимся о других и о себе. И даже когда не получаем немедленного ответа на молитву или того ответа, которого ждем, мы верим, что Бог действует. В конце концов, мы находим утешение в том, Кто Он есть. Бог слышит нас,

[101] Beeke, J., and Najapfour, B. (2011). *Taking Hold of God: Reformed and Puritan Perspectives on Prayer* (Grand Rapids, MI: Reformation Heritage Books). С. 29.
[102] Карсон Дональд. Призыв к духовной реформации. Евангелие и Реформация, 2011. С. 32.

Он благ, и Он всегда будет поступать правильно. Молитва не позволяет нам унывать (Лк. 18:1).

Тех из вас, у кого есть дети, я умоляю искренне молиться за своих детей. Ходатайствуйте за них перед Божьим престолом! Самое лучшее, что вы можете сделать для своих детей, — это молиться за них, пока они еще не выросли. И даже когда они вырастут, продолжайте предавать их Богу в молитве. Молитесь за их духовное состояние. Молитесь, чтобы они полюбили Бога и Его Слово. Молитесь об их характере. Я советую всем родителям вести молитвенный дневник, в котором отведено отдельное место для каждого ребенка. Если вы ведете такой дневник уже много лет, кратко помечайте, о чем вы молитесь. И когда-нибудь, когда ваши дети покинут родительский дом, подарите им страницы из своего молитвенного дневника, на которых записаны молитвы о них. По сути, в своем дневнике вы опишете всю их жизнь глазами молящейся матери или отца. Мы можем оказаться несовершенными родителями во многих отношениях, но Господь почтит ваши молитвы о детях.

Слова прекрасного старого гимна «О, душа, приди к Царю» напоминают нам о великом Царе, Который готов выслушивать нас каждый раз, когда мы молимся, и поясняют, почему мы можем обращаться к Нему с «большими прошениями»:

> *Предстаем мы пред Царем,*
> *Все мольбы к Нему несем.*
> *Тем, кто к Господу спешит,*
> *Щедро милость Он дарит* [103].

---

[103] Newton, J. "Come, My Soul, With Every Care."

Джон Буньян однажды сказал: «После того, как вы помолились, вы можете делать что-либо, кроме молитвы, но, если вы еще не молились, вы не можете делать ничего, кроме молитвы» [104]. Сэмюэл Гордон оставил нам следующее ободрение: «Величайшее дело, которое мы можем сделать для Бога и для человека, — это молиться. Это не единственное, что мы можем делать. Но это главное» [105]. Нам было бы полезно прислушаться к их мудрым словам.

Это ваше решение

В дополнение к изучению Библии и молитве, еще одной важнейшей составляющей доверия Богу является решение доверять Ему. Доверие Богу зависит не от моих чувств, а от моей воли. Святой Дух, Который обитает во мне, может помочь сделать правильный выбор, поэтому я могу принять решение довериться Господу, даже если мне этого не хочется. Главный вопрос в любом испытании: «Примем ли мы решение доверять Ему?» Мы либо будем доверять Ему, либо нет. В своем первом послании апостол Петр увещевает нас делать выбор в пользу доверия Богу такими словами: «Итак, страждущие по воле Божией да предадут Ему, как верному Создателю, души свои…» (4:19, курсив автора).

На протяжении всего Писания мы знакомимся со многими верующими людьми, которые посреди страданий принимали решение доверять Богу. Один пример из Ветхого Завета записан в Книге пророка Аввакума. Бог открыл Аввакуму,

---

[104] Grace Quotes. "John Bunyan." https://gracequotes.org/author-quote/john-bunyan/ (дата обращения: 30.06.2020).
[105] Christian Quotes. "S. D. Gordon." http://christian-quotes. ochristian.com/S.D.-Gordon-Quotes/ (дата обращения: 29.06.2020).

что вскоре Он пошлет Израилю суровое наказание через нечестивый вражеский народ. Совсем скоро Аввакуму предстояло лишиться привычного уклада жизни и потерять все. Тем не менее в Аввакума 3:17—18 из уст пророка мы слышим слова, полные надежды, и видим, что он решает довериться Богу, несмотря на обстоятельства:

> *Хотя бы не расцвела смоковница и не было плода на виноградных лозах, и маслина изменила, и нива не дала пищи, хотя бы не стало овец в загоне и рогатого скота в стойлах, — но и тогда я буду радоваться о Господе и веселиться о Боге спасения моего.*

В Первом послании Петра мы находим еще один пример человека, который решил довериться Богу посреди тяжких страданий. Это величайший пример нашего драгоценного Господа Иисуса Христа. Он оставил нам образец для подражания:

> *Ибо вы к тому призваны, потому что и Христос пострадал за нас, оставив нам пример, дабы мы шли по следам Его. Он не сделал никакого греха, и не было лести в устах Его. Будучи злословим, Он не злословил взаимно; страдая, не угрожал, но предавал то Судии Праведному (2:21—23).*

Подчинение, которое освобождает нас

Подводя итог, мы должны осознать, что важнейшим элементом доверия Богу является полное подчинение Его воле. Мало что дается нам в жизни с таким трудом. Даже если мы любим Христа и принадлежим Ему, наша плоть периодически подталкивает нас к борьбе с Богом за право руководить нашей жизнью, потому что мы хотим идти своим путем.

Освальд Чемберс делится с нами ценными мыслями по этому поводу:

> Покориться Богу нужно не в чем-то внешнем, а внутри, в воле своей — и, если будет сделано это, сделано все. Решений такой важности в жизни очень мало, все решает покорность нашей воли [106].

Довериться Богу — значит научиться жертвовать ради Него всем, кем мы являемся, и всем, что у нас есть, особенно самым ценным. Для тех из нас, у кого есть дети, самой сложной задачей в жизни, вероятно, является забота о них. Мы привыкли оберегать их, и нам трудно полностью предать их Господу, потому что мы не представляем, что это за собой повлечет.

Эйден Тозер описывает эту борьбу так:

> Часто нам бывает трудно предавать свои сокровища Господу из-за страха их потерять. Особенно это справедливо в отношении любимых членов семьи и друзей. Но нам не нужно этого бояться… Все, что мы предадим Ему, будет в безопасности; в то же время ничего по-настоящему нельзя сохранить, если не доверить Господу [107].

---

[106]   Чеймберс, О. (2019). *Все, что могу, — во славу Его* (13 сентября) (Здолбунов, Левит). С. 267.

[107]   Тозер, Э. У. (2014). *Стремление к Богу* (Санкт-Петербург, Мирт). С. 27.

Мы испытываем удивительное чувство облегчения, когда отдаем дорогих нам людей под Божью защиту. Мы не должны обманывать себя, думая, что ответственность за этих людей главным образом несем мы. Они принадлежат Богу и всегда Ему принадлежали. Особенно, что касается воспитания детей, мы должны стремиться быть самыми лучшими родителями, какими только можем быть. Мы должны прилагать для этого все усилия. Но мы никогда не должны забывать, что на самом деле наши дети принадлежат не нам. В первую очередь они принадлежат Богу, а мы распоряжаемся ими лишь короткое время. Тем не менее мы находим покой в уверенности в том, что и их дни «в Его руке» (Пс. 30:16), что в итоге побуждает нас доверять Богу.

Мы должны предавать Богу все. На самом деле у нас нет другого выбора, если мы хотим испытать мир. В Иоанна 6 многие последователи Иисуса оставили Его, и Он спросил Своих учеников, не уйдут ли и они от Него. Пронзительные слова Петра в стихе 68 глубоко проникают в наше сердце: «Господи! к кому нам идти?» В этом заключается великая истина: нам больше не к кому идти, кроме Него (Ис. 45:5–6; Деян. 4:12; 1 Кор. 8:6).

Мне всегда нравился старый ирландский гимн «Будь моим светом». В последнем куплете есть такие слова: «Что бы ни случилось, вовеки я Твой» (курсив автора). Здесь мы находим образы, которые описывают полное подчинение Богу. Что бы ни случилось, какой бы ни была наша участь, это не имеет значения: мы все равно будем доверять Ему. Сперджен высказывает ту же мысль, когда призывает нас взращивать в себе «неутолимую доверчивость нашему Богу, уверенность в том, что Он и Сам никогда не сделает нам ничего плохого, и другим не позволит навредить нам... Если произойдет самое худшее, наш Бог лучший и величайший. Жив Господь — так чего Его детям бояться?» [108]

Нашему Богу можно доверять. Он извлекает нас из многих вод (Пс. 17:17). Он извлекает нас из страшного рва и ставит на камне наши ноги (Пс. 39:2—4); Он спасает нас из глубины, когда мы взываем к Нему (Пс. 129:1—2). В Псалме 106 мы читаем о сильном шторме на море и о могущественном Избавителе, Который слышит отчаянный крик моряков и спасает их. Мартин Ллойд-Джонс размышляет об этом псалме и о Спасителе, на Которого мы можем положиться:

> *Когда посреди жизни чувствуешь, что начинаешь тонуть, но потом встречаешь Христа, ты сразу чувствуешь: вот Тот, Кто знает, Кто понимает. Вот Тот, Кто пережил самую страшную бурю, когда все волны ада с ревом наступали на Него. Но Он прошел через них и благополучно достиг пристани. Он взошел на борт. Он держит все под контролем. Он понимает. Он знает, что делает [109].*

РЕЗУЛЬТАТ ДОВЕРИЯ

К какому результату приводит наше решение довериться Богу? Прежде всего, своим доверием мы почитаем и прославляем Бога (Пс. 39:4; 1 Кор. 10:31). Мы свидетельствуем

---

[108] Сперджен, Ч. (2017). *Чековая книжка банка веры. Драгоценные обетования для ежедневного использования с краткими комментариями* (Москва, CLC Филадельфия). С. 64.

[109] Lloyd-Jones, M. (2001). *True Happiness: Psalm 1 and 107* (Wheaton, IL: Crossway). С. 159.

миру о том, что Ему можно доверять. Иан Гамильтон дает нам следующее наставление:

> *Больше всего прославляет Бога вера тех христиан… которые смиренно доверяют Богу, когда мир вокруг них рушится. Божьи пути — не наши пути. Он есть Бог. Его цели в отношении Его народа проистекают из совершенной премудрости, милосердного всевластия и избирающей любви… Достоинство кроткой надломленной трости, смирившейся под всемогущую Божью руку, — это прекрасное зрелище. Это свидетельство о благодати и любви невидимого Бога. Оно провозглашает Божьему народу, что Богу можно доверять, даже когда рушатся все земные надежды [110].*

Когда мы решаем доверять Богу, это не только прославляет Его, но и привносит в нашу жизнь радость и мир (Пс. 32:21; Иер. 17:7). Мы познаем радость, которой нас не лишить, потому что она слишком глубока:

> *Христианская радость — это эмоция, проистекающая из глубокой уверенности христианина в том, что Бог полностью и совершенным образом контролирует все и в свое время обратит это во благо нам, а в вечности в нашу славу… Христианская радость — это не эмоция, основанная на эмоции. Это не чувство, основанное на чувстве. Это чувство, основанное на фактах. Это эмоциональный отклик на истины, которые я знаю о моем Боге [111].*

[110] Hamilton, I. (2015). *The Faith-Shaped Life* (Carlisle, PA: The Banner of Truth Trust). C. 108.

[111] MacArthur, J. "Grace to You." https://www.gty.org/resources/pdf/sermons. C. 52–57 (дата обращения: 27.06.2020).

Кроме того, доверие Богу позволяет нам испытать мир. В Исаии 26:3 содержится обетование: «Твердого духом ты хранишь в совершенном мире, ибо на Тебя уповает он». Как выглядит этот мир? В Псалме 130:2 он описан следующими словами: «Не смирял ли я и не успокаивал ли души моей, как дитяти, отнятого от груди матери? душа моя была во мне, как дитя, отнятое от груди». Слова из этого псалма пришли мне на ум недавно, когда я держала на руках своего маленького внука и читала ему его любимые книги. Когда он сидел у меня на коленях, спокойный и довольный, я вспомнила, как Господь желает, чтобы мы точно так же покоились в Его объятиях и доверяли Ему. Когда Его воля становится нашей волей, в результате мы обретаем мир. Поразмышляйте над мудрым советом «успокоиться» под Его рукой:

> " *Не возвращайтесь в прошлое со страхом и опасениями и не смотрите в будущее с беспокойством и желанием предвидеть его, но успокойтесь под Его рукой, не имея иной воли, кроме Его[112].*

СВОБОДА ДЕЙСТВОВАТЬ

Возвращаясь к вопросу о балансе между действием и верой, мы должны понимать, что Бог дает нам свободу прилагать усилия для того, чтобы мы выполняли свои обязанности. В любой ситуации, с которой мы сталкиваемся, от нас требуются определенные действия. Мы должны принимать решения, которые связаны со сбором информации, изучением

---

112 Elliot, E. (1995). *Keep A Quiet Heart* (Ann Arbor, MI: Servant Publications), C. 147.

246

проблемы, поиском вариантов, преодолением трудностей и так далее. Но что, если мы приняли не самое лучшее решение относительно того, как нам действовать? Что, если мы терпим неудачу? Утешение, которое мы получаем, доверяя Господу, избавляет нас от этих страхов, потому что мы знаем, что Он использует наши ошибки и даже грехи, чтобы исполнить Свою волю. Поэтому мы продолжаем доверять Богу и в то же время прилагать усилия.

ВСЕ ЗАВИСИТ ОТ НАС

Теперь давайте рассмотрим две стороны этого баланса и поговорим о том, какая опасность таится в обеих крайностях. Если мы похожи на Марфу и проводим большую часть жизни в делах и постоянной занятости, к каким последствиям это может привести? Пожалуй, главной проблемой таких людей является то, что со временем они начинают полагаться на свои силы. В практической жизни мы можем настолько привыкнуть брать все в свои руки, что начнем ошибочно считать, что действительно держим ситуацию под контролем. Мы можем выработать привычку полагаться исключительно на себя, вместо того чтобы смиренно просить у Господа водительства в своих устремлениях. Такое мышление также может подтолкнуть нас к тому, чтобы еще больше контролировать обстоятельства и людей в попытке устранить факторы, препятствующие нам в достижении целей, к которым мы так стремимся. В духовной сфере мы можем попасть в ловушку «праведности от дел» и начать думать, что должны зарабатывать баллы у Бога и каким-то образом производить на Него впечатление своими делами. Подобно Марфе, мы можем так сильно увлечься своим служением, что почти забудем о общении с Господом. Естественно, это гнетущее ощущение, что все зависит от нас, порождает беспокойство и страх. Когда мы полагаемся на свои силы и отчаянно пытаемся все проконтролировать, нам становится все труднее и труднее смиренно подчиниться Божьему провидению в нашей жизни.

ВСЕ ЗАВИСИТ ОТ НЕГО

Говоря о противоположной стороне этого баланса, ответим на вопрос: можем ли мы слишком доверять Богу? В буквальном смысле нет. Но все же здесь есть опасность, которую следует избегать. Мы не должны допускать, чтобы наша зависимость от Бога проявлялась в лени в духовной сфере и по отношению к исполнению заповедей Писания, которые призывают нас к действию. Если мы не хотим возрастать в христианской зрелости, но просто желаем, чтобы Бог осыпал нас волшебной пылью и мгновенно превратил в духовно зрелых христиан, мы утрачиваем баланс. Как мы уже убедились, нам необходимо активно посвящать себя основным духовным упражнениям в своей жизни, например, изучению Библии и молитве, а не быть пассивными. Изучая Писание, мы должны соблюдать заповеди и слушаться увещеваний, которые в нем находим. Наши обязанности в семье, церкви и обществе четко изложены в Слове, и нам нужно активно служить тем, кто нас окружает. Если мы не прилагаем для этого никаких усилий, но все еще ожидаем, что Господь будет постоянно «выручать нас», когда мы попадаем в трудные ситуации, это не что иное, как злоупотребление Его благостью. Наш Бог бесконечно милостив и благ к Своему недостойному творению, но, по сути, Он ничего нам не должен. Поэтому нам нужно остерегаться злоупотребления Его благостью.

Ранее мы говорили об опасности мистицизма, и здесь стоит еще раз упомянуть, что это искушение для того, кто не хочет тратить свое время и прилагать усилия для духовного роста или решения жизненных проблем. Мистицизм характеризуется тем, что человек живет христианской жизнью скорее субъективно, чем объективно. Это выражается в том, что наши решения основываются в первую очередь на чувствах или личном опыте, а не на истине Божьего Слова. Гораздо проще сказать: «Я чувствую, что должен это сделать», чем прилагать усилия для того, чтобы определить, что на самом деле Бог повелел мне делать. Достижение зрелости (духовной или иной) — это процесс, требующий времени. Если мы испытали истинное возрождение, обитающий в нас Святой Дух является нашим учителем, и мы должны быть Его прилежными учениками. Это требует от нас быть дисциплинированными в приложении умственных усилий — думать, оценивать, размышлять, молиться и вступать в диалог по разным вопросам. Но если мы живем по принципу «как Бог даст», такой поверхностный подход к жизни, по сути, лишает нас желания совершать необходимые действия, которые являются неотъемлемой частью нашего путешествия. Верующие не должны искать быстрого решения проблем. После того, как мы обретаем спасение, несомненно, нам необходимо совершать определенные разумные и последовательные действия, которые помогут нам жить мудро и свято ради Божьей славы. Мы не должны уклоняться от нашей ответственности сталкиваться с проблемами лицом к лицу и принимать мудрые решения о том, как действовать. Когда мы несем эту ответственность, мы проявляем доверие Богу на каждом этапе этого пути.

КРАЙНОСТИ

Что происходит, когда мы утрачиваем баланс между действием и доверием в нашей жизни? Если вы слишком сосредоточены на действии, в вашей жизни могут проявляться следующие признаки:

- уверенность в себе (самодостаточность);
- праведность, основанная на делах;
- беспокойство (страх).

Если вы слишком сильно акцентируете внимание на доверии, вот возможные опасности:

- лень (пассивность, злоупотребление благостью Бога);
- мистицизм;
- жизнь по принципу «как Бог даст».

Подытоживая, можно сказать, что действуем и мы, и Бог. Мы делаем все, что, как мы знаем, нам нужно делать. И в то же время верим, что результат наших действий зависит от Бога. Подобно тому, как много лет назад я полностью полагалась на своего земного отца, я должна тем более доверять своему небесному Отцу. Бог — наш небесный пилот. Я в безопасности с Ним.

Для личного размышления и применения

ГЛАВА 8. ДЕЙСТВИЕ И ДОВЕРИЕ

1. Бог предопределил, чтобы Его дети играли определенную роль в процессе своего освящения. Какое повеление мы находим в Притчах 2:1–7 и 3:5–8? Что Бог обещает сделать, согласно этим отрывкам? Как напоминание из Филиппийцам 2:12–13 помогает вам сохранять здоровый баланс в стремлении к духовному росту?

2. Как, согласно 1 Коринфянам 3:6–7, Павел относился к своему служению? Какой опасности мы подвергаем себя, если перестаем смиренно полагаться на Бога в служении другим?

3. Как, согласно Колоссянам 1:29, верующие должны совершать добрые дела? Перечислите добрые дела, о которых говорится в следующих отрывках: Колоссянам 1:10–12; 3:12–17; 1 Фессалоникийцам 5:12–21; 1 Тимофею 6:11–14.

4. Бог в Своей премудрости часто допускает в нашей жизни страдания, через которые Он совершает великое благо. Какую пользу мы можем извлечь из испытаний (Втор. 8:2, 16; Иов 23:10; Рим. 5:3; 2 Кор. 1:4–5; 4:17; Флп. 3:10; Иак. 1:2–4; 1 Пет. 1:6–7; 5:10)? Что из этого вы испытали лично в своей жизни?

5. В своей книге «Доверие Богу» Джерри Бриджес утверждает, что для того, чтобы доверять Богу, мы должны верить, что Он полностью суверенен, бесконечен в премудрости и совершенен в любви. Трудно ли вам принять какие-либо из этих истин? Если да, то какие именно?

6. Чтобы научиться доверять Богу, очень полезно уделять время изучению Божьих качеств и размышлению о них. Какие черты Божьего характера больше всего ободряют вас лично? Расскажите о нескольких случаях из своей жизни, когда знание этих качеств Бога помогало вам доверять Ему в трудных ситуациях.

Посему и мы, имея вокруг себя такое облако свидетелей, свергнем с себя всякое бремя и запинающий нас грех и с терпением будем проходить предлежащее нам поприще, взирая на начальника и совершителя веры Иисуса…

Евреям 12:1—2

ЗАКЛЮЧЕНИЕ

Мы должны понимать, что наша жизнь в этом мире во многом похожа на хождение по канату. Проходя по узкой нити под названием жизнь, мы прекрасно осознаем всю опасность, которой подвергаемся. Когда мы ошибаемся и впадаем в крайности в какой-либо сфере жизни, это может приводить к катастрофическим результатам в интеллектуальном, эмоциональном, физическом и духовном плане. Последствия нашего выбора могут приводить нас к разочарованию, отчаянию и безнадежности. Тем не менее главный секрет успешных канатоходцев в том, что, проходя по канату, они должны сохранять равновесие [113].

Если вы когда-либо видели выступление канатоходцев, вы наверняка замечали «балансир» — длинный тяжелый шест, который артисты всегда держат в руках. Свойства этого шеста позволяют артистам двигаться по канату гораздо более устойчиво и сохранять равновесие. Он помогает им не отклоняться в сторону и сохранять стабильность, а также защищает от внешних сил, например, от внезапного порыва ветра. Шест — это не дополнительный элемент оборудования канатоходцев. Он просто необходим для успешного и безопасного выступления. Будучи христианами, мы должны понимать, что посреди трудностей и порывистых ветров земной жизни у нас тоже

---

[113]   Flayhart, B. (2002). "The Church of the Flying Wallendas." Oak Mountain Presbyterian Church (August 18). http://www.ompd. org/2002/081802.htm.

есть нечто, что поддерживает нас. Это святое Божье Слово! Оно богодухновенно (2 Тим. 3:16) и потому безошибочно. Оно живо и действенно и проникает в глубину нашего естества (Евр. 4:12) и потому достаточно. Оно вечно и никогда не прейдет (Ис. 40:8, Мк. 13:31) и, следовательно, всегда будет для нас авторитетным. Истина и премудрость, которые мы находим в живом Слове (Христе) и написанном Слове (Писании), помогают нам сохранять баланс в несбалансированном мире. Более того, как мы убедились во «Введении», нет более совершенного примера сбалансированности, чем пример нашего Спасителя, Господа Иисуса Христа. Джонатан Эдвардс высказывает похожую мысль:

> *В истинно благодатных чувствах святых наблюдается баланс, который является естественным следствием широты их освящения. Они несут на себе полный образ Христа… в Нем есть вся благодать; Он полон благодати и истины* [114].

Самое поразительное в нашем путешествии по жизни — это, пожалуй, истина о том, что, несмотря на наши грехи, мы действительно можем все больше уподобляться Иисусу Христу! В момент возрождения Бог дает нам чудесный дар Святого Духа, обитающего в нас. Он является нашим вездесущим Помощником, Который наставляет и обличает, утешает и направляет нас (Ин. 14:26). Бог говорит нам, что Он начал в нас доброе дело, которое обязательно завершит (Флп. 1:6), и мы можем быть уверены, что Он всегда действует в нас таким образом, чтобы уподобить нас образу Своего Сына (Рим. 8:29). И наконец, во Втором послании

---

[114] Edwards, J. (1984). *Religious Affections* (Portland, OR: Multnomah Press). С. 157–58.

кКоринфянамнамданодрагоценноеобетование:когдамы смотримдуховнымиглазаминаХристаисозерцаемславу Господа,ДухпостепеннопреображаетнасвЕгоподобие:

> *Мы же все открытым лицом, как в зеркале, взирая на славу Господню, преображаемся в тот же образ от славы в славу, как от Господня Духа (3:18).*

Взаключение,вкачествепослесловияуместнобудетрассказатьдальнейшуюисториюдинастииВалленда.Ееосно- вательКарлпогибвПуэрто-Рикоосенью1978года.Прав- нукКарла,котороГозовутНикВалленда,впоследниегоды получилизвестностьблагодарясвоимвыступлениямнака- натенадтакимидостопримечательностями,какБольшой каньон,Ниагарскийводопад,центргородаЧикагоипло- щадь Таймс-сквер в Нью-Йорке.

Однакомнехотелосьбывамрассказатьодругомпредста- вителе этой династии — об одном из внуков Карла, человеке по имени Тино Валленда. Тино, его жена и дети продол- жили семейную традицию, выступая со своим захватываю- щим номером по всему миру. В 1998 году семья вернулась в Детройт, где ранее, в возрасте одиннадцати лет Тино стал свидетелем того, как его отец разбился насмерть. Тридцать шесть лет спустя Тино со своей семьей выступал на той же арене и успешно выполнил трехуровневую пирамиду. Как позже отметил Тино, они хотели показать, что «катастрофа не всегда заканчивается поражением».

Тино смело исповедует свою веру в Иисуса Христа. Много лет назад он написал статью под названием «Он нашел меня» для христианского журнала. Вот что он пишет:

> *Когда мне было семь лет, мой дедушка Карл Валленда поставил меня на канат высотой около полуметра. Он обучил меня всем базовым навыкам — как держать тело… как ставить ноги… как держать шест. Но самое главное, чему меня научил дедушка, это то, что мне нужно сосредоточить свое внимание на точке на другом конце каната. Мне нужно сфокусироваться на определенной точке для того, чтобы сохранять равновесие.*
>
> *Центром моего внимания в жизни является Иисус Христос. Библия говорит, что нам нужно сосредоточить свой взгляд на фиксированной точке. Мы должны сосредоточить свой взгляд на начальнике и совершителе нашей веры Иисусе Христе (Евр. 12:2).*
>
> *Бывали случаи, когда я брал каждого из своих четырех детей… на плечи и шел с ними по канату. В такой ситуации дети не могли балансировать. Балансировать и поддерживать их должен был я.*
>
> *Моих детей спрашивали: «Вы не боитесь?» «Нет», — отвечали они. А когда их спрашивали, почему они не боятся, они отвечали: «Потому что это наш папа». Они доверяют мне, потому что я их папа.*
>
> *Точно так же я уверен в моем небесном Отце. Я знаю, что Он проведет меня через эту жизненную пропасть, пока я не встречусь с Ним лицом к лицу [115].*

Я молюсь о том, чтобы в нашем пути над этой «жизненной пропастью», как выразился Тино, Господь через Свое Святое Слово сохранял в жизни каждого из нас необходимый баланс и силой Своего Духа помогал нам жить ради Его славы.

---

[115] Wallenda, T. (1999). "He Found Me." *Decision Magazine* (April). С. 6–7. ©Billy Graham Evangelistic Association, used by permission, all rights reserved.

…Все делайте во славу Божию.

1 Коринфянам 10:31

Могущему же соблюсти вас от паде-
ния… Единому Премудрому Богу, Спасителю нашему чрез Иисуса Христа
Господа нашего, слава и величие, сила
и власть прежде всех веков, ныне и во
все веки. Аминь.

Иуды 24—25

ЧТО ЗНАЧИТ
БЫТЬ ХРИСТИАНИНОМ?

Существует множество различных мнений по поводу определения слова «христианин». Но поскольку этот термин впервые упоминается в Библии (Деян. 11:26), давайте разберемся, что же говорит по этому поводу Писание.

Христианин — это не тот, кто просто мысленно признает существование Бога или некой «высшей силы». Так много людей признают, что Бог есть, однако это существенно не влияет на то, как они принимают решения или как они живут. Не забывайте: в Библии говорится, что даже бесы (которые ненавидят Бога) веруют и трепещут (Иак. 2:19). Интеллектуальная вера не приводит к спасению.

Христианин — это не тот, кто просто ходит в церковь или старается делать добрые дела и вести нравственный образ жизни. Все это можно делать по разным причинам, даже не имея искренних отношений с Богом.

Библия четко объясняет, что самоправедными делами мы никогда не сможем заработать себе спасение (Ис. 64:6; Тит. 3:4—7). Нравственная или практическая добродетель не равна спасению.

Согласно Библии, христианин — это тот, кто:

- Признает себя грешником перед святым, праведным Богом и верит, что грешник не может заслужить вечное спасение никакими заслугами или добрыми делами, но его дарует только Бог по Своей благодати (Еф. 2:8–9).
- Принимает факты Евангелия: Иисус Христос есть Бог; Он пришел на землю, принял человеческую природу, прожил совершенную жизнь, умер на кресте ради искупления греха и воскрес в теле на третий день.
- Приходит к Богу со смиренным покаянием и верой, будучи уверен в том, что основанием искупления его грехов является не что иное, как совершенная жизнь Иисуса Христа и Его смерть на кресте (Деян. 4:12; Гал. 2:16).
- Обретя спасение, демонстрирует в своей жизни плод, который подтверждает, что этот христианин — новое творение во Христе (2 Кор. 5:17–18): преображение ума, которое порождает новые желания и устремления; подчинение Христу как Господу; любовь к Богу и Его Слову, радостное познание истин о Боге; поклонение Богу, а не себе.

Если вы хотите узнать больше о том, что значит быть христианином, рекомендуем ознакомиться со следующим прекрасным источником:

Гилберт Грег. Что такое Евангелие? Чернигов: In Lumine Media, 2012. 144 с.

Отпечатано по заказу:
«Местная религиозная организация
Евангельских христиан-баптистов
«Преображение»

Printed in Russia
Религиозное издание
ISBN 978-5-7454-1829-7
Формат 60x84 1/16, объём 16,5 п.л.,
тираж 2000 экз, заказ 4194,
подписано в печать 30.09.2023,

Издание местной религиозной организации
евангельских христиан-баптистов
(195009, С.-Петербург, ул. Лебедева, 31 пом. 9Н).
Санкт-Петербургский филиал ФГБУ «Издательство «Наука»
199034, Санкт-Петербург, 9-я линия, д. 12/28

The Master's Academy International
www.tmai.org
publishing@tmai.org

www.ingramcontent.com/pod-product-compliance
Lightning Source LLC
Chambersburg PA
CBHW061609120626
46550CB00004B/1663